Kennwort Liebe

Kennwort Liebe

Partnersuche per Inserat

Von René Zey, H. P. Karr

humboldt

Lebenshilfe & Psychologie

humboldt-taschenbuch 714

Umschlaggestaltung: Wolf Brannasky, München
Umschlagfoto: Walter L. Küchler, München

Der »langbeinigen Beamtin«

René Zey, geboren 1955 in Essen, lebt in Königsdorf bei Köln. Er studierte Linguistik, Literaturwissenschaft und Philosophie und ist als freier Autor und Dozent (u.a. zum Thema »Kontaktanzeigen«) tätig. Veröffentlichung mehrerer Lexika und Sachbücher. Kulturpreis der Stadt Essen (1982), Arbeitsstipendium des Landes NRW (1991).

H. P. Karr, geboren 1955 in Saalfeld/Thüringen, lebt seit 1960 im Ruhrgebiet. Studierte Publizistik, arbeitete neben- und nacheinander als Reporter, Lektor und Redakteur. Seit einigen Jahren freier Schriftsteller. Veröffentlichung zahlreicher Reportagen, Kurzgeschichten und Hörspiele.

Satz und Umbruch: Königsdorfer Verlagsbüro, Frechen
Druck: Presse-Druck, Augsburg
Printed in Germany
ISBN 3-581-66714-2

Inhalt

Vorwort

Jeder weiß, es gibt IHN: den attraktiven, unternehmungslustigen 30jährigen, der auf der Suche nach einer passenden Frau für sich, seine Eigentumswohnung und sein Cabrio ist. Ebenso wie den Lebenskünstler (Akademiker, 38, junggeblieben), der sich nach einer unkomplizierten Beziehungskiste mit einer Nichtraucherin sehnt.

Und auch SIE lebt, die blonde Bankkauffrau, 24, die humorvoll, kinder- und mannlos ist und einen »Hexenmeister für den Ritt durchs Leben« sucht.

Gesehen haben wir beide nicht, geschweige denn kennengelernt, aber wir lesen über SIE und IHN – in den bürgerlichen Heirats-Feuilletons, in der Alternativpresse, in Zeitschriften oder Anzeigenblättern.

Einige lesen samstags über SIE und IHN, nach dem Frühstück, und amüsieren sich köstlich über die dürren Worte und komischen Formulierungen. Andere lesen stiller, malen sich aus, wie ER oder SIE ihr Leben ändern könnte, phantasieren sich trickreich über den eigenen – oft müden – Ehe- oder Beziehungsalltag hinweg.

Die meisten lesen über SIE und IHN jedoch aus Einsamkeit: die Singles, die Geschiedenen, die Verwitweten, die Alleinerziehenden.

Sie begreifen ihre Suche als Suche nach einem Partner, den sie weder in einem Verein noch in einem Bistro, noch in einer Diskothek oder in einem Volkshochschulkurs gefunden haben. Diese Menschen wollen ihre Suche nicht mehr dem Zufall überlassen, der ihnen irgendwann einen bestimmten Partner zuspielen mag, sondern sie werden selber aktiv: Sie annoncieren oder schreiben systematisch auf Inserate, um möglichst viele Menschen kennenzulernen und so die Wahrscheinlichkeit zu erhöhen, unter den vielen den Richtigen kennenzulernen.

Die Anzeigenzeilen, mit denen sie sich vorstellen, strahlen oft Charme aus, Witz, Pfiff, Sehnsucht, Begehren und mehr. Ersticken aber ebenso oft auch in Klischees, in umständlichen Formulierungen und leeren Worthülsen. Nicht selten werden sie zu trostlosen Aushängeschildern, hinter denen sich Mittelmäßigkeit – und in der Regel noch weniger – verbirgt.

Ein Inserat ebenso wie ein Brief ist ein Schlüssel, ohne den sich die Tür zum anderen nicht öffnen läßt. Wer diese Visitenkarte nicht bunt und kundig auszumalen versteht, wartet vergeblich auf Post und auf Telefonate und damit vergeblich auf ein erstes, entscheidendes Treffen. Auch wenn sich jemand lange darauf vorbereitet hat, ein Inserat aufzugeben, und seine Wünsche mehrfach gedreht und gewendet hat – sobald er damit beginnt, seine Vorstellungen zu formulieren, ist er allein. Ihm fehlen Vergleichsmöglichkeiten, er weiß nicht, welche Erfahrungen andere vor ihm mit Inseraten gemacht haben, er kennt die Kriterien nicht, die Erfolg und Mißerfolg bestimmen.

Insbesondere vor dem Anfänger werden sich Fragen auftürmen: Wo inseriert man am besten? Wie lang soll ein Inserat werden? Wie ausführlich darf ich mich selbst darstellen? Wie detailliert darf ich meinen Wunschpartner beschreiben? Und wenn man auf die Anzeige antwortet: Welches Foto soll ich meiner Zuschrift beilegen? Kann ich meine Zuschrift mit der Schreibmaschine oder sogar mit dem PC schreiben? Oder kommt ein handgeschriebener Brief besser an? Wie schaffe ich es, daß mein Brief aus allen anderen Zuschriften hervorsticht und positiv auffällt?

Wir kennen diese Probleme und Fragestellungen aus unserer Tätigkeit als Dozenten, da wir in zahlreichen Volkshochschulkursen zum Thema »Kontaktanzeigen« die Schwierigkeiten beim Formulieren von Inseraten und Schreiben von Briefen diskutiert und mit Hunderten von Kursteilnehmern praktisch bewältigt haben.

Die vorliegende Schreibschule ist die Quintessenz unserer Arbeit und versteht sich als Ratgeber und Beispielsammlung, die nicht nur das erfolgreiche Schreiben von Bekanntschaftsinseraten lehrt, sondern darüber hinaus auch die Zuschriften zum Thema macht – die Briefe, die auf ein Inserat eingehen und von denen in der Öffentlichkeit bislang nichts zu lesen war. (Außerdem stellen wir Ihnen ein paar Menschen vor, die hinter den Inseraten und Briefen stehen, zeigen ihre Motive und Wünsche, machen ihre Erlebnisse und Erfahrungen transparent.)

Die zahlreichen Beispiele, die kleine »Grammatik des Inserats« und einige prägnante Grundregeln, die wir für dieses Buch erarbeitet haben, sollen Ihnen helfen, gravierende Form- und Formulierungsfehler zu vermeiden und schneller an Ihr Ziel zu kommen, das heißt: positiv aufzufallen und mit Ihren Inseraten und Zuschriften die nötige Kontur zu gewinnen.

Bei der Auswahl der Beispiele haben wir ausschließlich Partnerschaftsinserate (mit dem Ziel Bekanntschaft, Freundschaft, Ehe und dergleichen) berücksichtigt und auf eine ausgewogene Mischung von Annoncen aus Tageszeitungen, überregionalen Wochenzeitungen (wie »Die Zeit« oder »Die Welt«), Zeitschriften und Publikationen der sogenannten Alternativpresse Wert gelegt; die abgedruckten Zuschriften sind bunt gemischt und berücksichtigen Adressaten aller sozialen Schichten.

Allgemein haben wir das private Inserat ins Zentrum unseres Buches gestellt, da es uns als preiswerteste und naheliegendste Möglichkeit erscheint, einen Partner zu finden. Nicht berücksichtigt wurden Anzeigen von Eheinstituten oder Partnerschaftsvermittlungsagenturen. Nicht oder nur am Rande erwähnt sind Anzeigen von Leuten, die auf ein bloßes Abenteuer aus sind, Anzeigen mit eindeutig sexuellem Charakter (wie Partnertausch, Sadomasochismus u.ä.), Anzeigen von Professionellen sowie Inserate von Lesben und Homosexuellen.

Besonderer Dank gilt all jenen, die uns in offenen und langen Gesprächen hinter die Kulissen des Anzeigenmarktes schauen ließen, vor allem den Teilnehmern unserer Kurse sowie den fast 200 Briefeschreibern, die uns die vollständige oder teilweise Abdruckerlaubnis ihrer Zuschrift gaben. Ohne diese selbstlose Hilfe und Unterstützung hätte dieses Buch nicht in dieser Form erscheinen können.

Zur Geschichte des Inserats

Kontaktanzeigen haben erst im Laufe mehrerer Jahrhunderte jenen festen und ausgedehnten Platz erobert, den sie heute in den Printmedien einnehmen. Die nachweislich ältesten Inserate (die bis Mitte des 20. Jahrhunderts fast ausschließlich Heiratsannoncen waren!) finden sich in der englischen Zeitung »Collection for the Improvement of Husbandry and Trade«. In der Ausgabe vom 19. Juli 1695 liest man Annoncen wie »Junger Mann um die 25 Jahre, der seinem lieben Vater £ 1000 wert ist, in bestem Gewerbe tätig, sucht passende Partie« oder »Gentleman um 30 Jahre, dem man nachsagt, in besten Verhältnissen zu leben, würde liebend gern eine junge Dame ehelichen, die ein Vermögen von £ 3000 oder mehr mitbringt«. Das wohl älteste gedruckte deutsche Heiratsinserat wurde am 8. Juli 1738 in den Frankfurter »Frag- und Anzeigen-Nachrichten« veröffentlicht. Dort heißt es:

> Ein honettes Frauenzimmer ledigen Standes, von guter Gestalt, sucht zur Ausmachung einer Erbschaft in hiesiger Nachbarschaft, welche ihr rechtmäßiger Weiße zukommt von in circa 50 000 fl., einen guten Doctor oder Advocaten ledigen Standes von hier, welcher sich obligiret diese Sache auszumachen, so groß und wohl aussieht, wenn als dann sich dieses wohl angelegen seyn lässet, so offeriret sie sich denselben zu heurathen, es müßte aber je ehender je lieber seyn, weilen das Frauenzimmer sich dieser Wegen noch allhier aufhalten wird.

Ende des 18. Jahrhunderts waren Kontaktanzeigen in englischen, französischen, deutschen und österreichischen Zeitungen hinreichend eingeführt. Ein Jahrhundert später etablierten sich in England bereits zahlreiche Spezialmagazine, die ausschließlich Heiratsanzeigen abdruckten, so die »Matrimonial News«, die 1874 bis zu 600 Inserate wöchentlich veröffentlichte, ferner die »Matrimonial Post«, der »Fashionable Marriage Advertiser« oder die 1904 gegründete »Matrimonial Times«, die bis weit in die sechziger Jahre dieses Jahrhunderts erschien.

Was den Inhalt dieser Anzeigen betrifft, so standen Werte des sich etablierenden Bürgertums im Vordergrund: zumeist die wirtschaftliche Sicherheit und die »standesgemäße« Partnerwahl. Es war zudem üblich, sehr detailliert die eigenen Vermögensverhältnisse zu beschreiben und offen den Wunsch nach einer bestimmten Mitgift des Partners zu äußern. Daß solche finanziellen Erwägungen den Charakter von Heiratsannoncen (zumindest in Deutschland) noch bis Anfang des 20. Jahrhunderts bestimmten, zeigt eine Studie von Joachim Werner, der 1907 mehr als 1300 Heiratsinserate aus zwölf deutschsprachigen Tageszeitungen analysierte. Von den 61,5 Prozent der männlichen Inserenten gaben 15 Prozent ihr Jahreseinkommen und 10 Prozent ihr Vermögen an. 14 Prozent der Männer suchten ausschließlich eine Partnerin mit Vermögen. Die Frauen waren in dieser Hinsicht etwas zurückhaltender. Von den 38,5 Prozent weiblicher Inserenten gaben nur 1,5 Prozent ihr Jahreseinkommen, dafür aber 26 Prozent ihr Vermögen an. Knapp ein Prozent der Frauen suchte einen Mann »mit Vermögen«.

Individuell-charakterliche Werte kamen in den Anzeigen erst Anfang der zwanziger Jahre zum Ausdruck. Weibliche Inserenten stellten zu dieser Zeit zum ersten Mal die Vorzüge ihrer Person in den Vordergrund, charakterisierten sich als »fesch«, als »lieb«, »hübsch«, »nett«, »häuslich erzogen«, »herzensgut« oder »intelligent«. Erstmals wurden auch Haarfarbe und Körpergröße genannt.

Der damals – verglichen mit der Gesamtbevölkerung in Deutschland – noch immer sehr niedrige Prozentsatz weiblicher Inserenten erklärt sich aus moralischen Vorbehalten. Während Männer meist selbst inserierten und nur selten die Vermittlung eines Freundes oder Bekannten erbaten, war dies bei Frauen nahezu die Regel. Vor allem Eltern und Verwandte traten hier als Vermittler auf.

In den dreißiger Jahren geriet die Kontaktanzeige in eine Krise. Die Zeit der Tanzpaläste, Varietés und Cafés war angebrochen, und die Menschen trafen sich beim Fünfuhrtee, lernten sich bei öffentlichen Veranstaltungen kennen, in Schwimmbädern, im Theater oder einfach auf der Straße. Dieses Jahrzehnt war so turbulent, daß man das Inserieren getrost vergessen konnte.

Stattdessen gaben nun andere Anzeigen auf – die Prostituierten. Sie hatten Konjunktur während dieser Jahre und tarnten sich, um die Zensur zu unterlaufen, vor allem als Masseusen. Als die Nationalsozialisten an die Macht kamen, war es mit derlei Sprach- und Versteckspielen vorbei. Bis 1945 dominierten nun Heiratsannoncen, in denen kaum jemand vergaß, auf seine arische Herkunft zu verweisen oder von seinem Partner eine solche zu verlangen. In manchen Fällen gaben die Inserenten sogar ihre Parteinummer an.

Nach Ende des Zweiten Weltkriegs wandelte sich der Kontaktanzeigenmarkt in Deutschland grundlegend. Ilse Jaeger wies in ihrer Analyse (sie untersuchte Kontaktanzeigen aus dem Jahr 1952) einen wesentlich höheren Anteil weiblicher Inserenten (61,4 Prozent) nach, was auf den kriegsbedingten Frauenüberschuß zurückzuführen ist. Darüber hinaus trat eine größere Variation in der Kennzeichnung des gesuchten Partners und der gemeinsamen Ziele ins Auge.

Frauen suchten eine Partnerschaft (Brief-, Gesprächs-, Ehe-, Lebens-, Idealpartner), einen »Herrn«, einen »Mann« (»männliches Wesen«, »männliches vis à vis«) oder einen »Lebens-« oder »Schicksalsgefährten«. Bei etwa einem Drittel der von Frauen und etwa zwei Dritteln der von Männern aufgegebenen Inserate waren anstelle des Ehewunsches unverbindlichere Bezeichnungen getreten: Begegnung, Freundschaft, Anschluß, Kontakt, Bekanntschaft, gemeinsamer Lebensweg, Ergänzung u.ä. Und auch Formulierungen wie »harmonische Zweisamkeit«, »Ergänzung zum eigenen Ich«, »einen Mann glücklich machen«, »entente cordiale mit Dame«, »Dompteuse für verwilderten Junggesellen« lassen nicht unbedingt an standesamtlich sanktionierte Bindungen denken.

In den sechziger Jahren wurden Bemerkungen über »wirtschaftliche und materielle Verhältnisse« fast vollständig abgelöst durch Angaben zu Persönlichkeit, Charakter und Intelligenz des gesuchten Partners. Detailliert wurde über Interessen, Neigungen, Hobbys und Freizeitbeschäftigungen geschrieben, allerdings noch oft in Klischees und formelhaften sprachlichen Wendungen. Ein sozialer Wandel zeigte sich auch im Wegfallen von bis dahin als typisch weiblich geltenden familiären und häuslichen Tugenden (wie »gute Hausfrau«, »Häuslichkeit«, »Kinderliebe« etc).

Im Zuge der sexuellen Liberalisierung, die in den sechziger Jahren stattfand, entstanden aber auch bis dahin unbekannte Anzeigenformen und -foren: Man sprach in den Inseraten sehr deutlich aus, was man suchte. Und viele suchten in diesen Jahren alles, nahmen kein Blatt vor den Mund. Weder in ihren Wünschen noch in ihren Formulierungen. Dem Zeitgeschmack nach extremer Offenheit entsprach dabei vor allem ein Hamburger Wochenblatt: die »St.-Pauli-Nachrichten«. Es teilte als eine der ersten Printmedien in Deutschland den Kontaktanzeigenmarkt in Rubriken wie »Aufklärungen« (»Zu dritt gehts auch? Welches Ehepaar klärt jg. Herrn, 23/175, tatkräftig auf?« oder »Jg. Mann, Anf. 20, intellektuell, aber unerf., s. sexy Dame mit eig. Wohnung, um alles zu lernen«), »Miezen« (»Üppige, uners. jg. Dame s. lustvollen PEN- und Penn-Kontakt. Eig. Wohn. angen.«), »Homophilius« (»32jähriger s. gleichges. Freund bis 55. Meine Leidenschaft: Gummikleidung«) oder »Lesbos & mehr« (»Ehefrau, 23, s. erf. Freundin für ungew. Stdn. zu zweit«).

In abgeschwächter Form fanden sich ähnliche Inserate Ende der sechziger und Anfang der siebziger Jahre auch in seriösen Zeitungen und Zeitschriften. Sie bildeten eine zu lukrative Einnahmequelle, als daß die Verlage auf ihre Publikation verzichten konnten. Ihnen hat heute insbesondere die Alternativpresse mit Rubriken wie »Herzglück«, »Treff und Freundschaft«, aber auch »Gleich und gleich« oder »Harte Welle« (letztere mit vorwiegend sadomasochistischen Anzeigen) Inserenten abgeworben.

In den Tages- und Wochenzeitungen hat sich die Kontaktanzeige als feste Rubrik etabliert. Die »Frankfurter Allgemeine« und »Die Zeit« geben eigene Broschüren mit Tips für Inserenten heraus. Zeitschriften wie »Brigitte«, »Forbes!« oder »Für Sie« sind inzwischen dazu übergegangen, Kontaktanzeigenseiten einzurichten oder Serien über erfolgreiches Schreiben von Kontaktannoncen zu bringen.

Einen ungeahnten Aufschwung nahmen die Kontaktanzeigen auch nach dem Fall der Berliner Mauer. Hier versuchten insbesondere Boulevardblätter wie »Bild-Ost« oder die inzwischen wieder eingestellte Zeitung »Super«, Leser durch neu geschaffene Kontaktanzeigenforen an sich zu binden. Analysiert man diese Inserate auf ihre Inhalte, so findet man dort zwischen den Zeilen das, was seit Anfang dieses Jahrhunderts aus den Inseraten verschwunden war: die Betonung materieller Werte wie Einheirat, Wohnungsbesitz, Geschäftsgründung oder -vergrößerung.

Wo können Sie inserieren?

Wenn Sie eine Bekanntschafts- oder Heiratsanzeige aufgeben wollen, können Sie sich zwischen einer ganzen Reihe von Zeitschriften und Zeitungen entscheiden. Am naheliegendsten ist es, einfach in der örtlichen Tageszeitung oder Stadtillustrierten zu inserieren. Doch nicht jede Anzeige paßt in diese Blätter. Möglicherweise haben Sie bessere Chancen, einen Partner zu finden, wenn Sie an einer anderen Stelle annoncieren: Es kommt darauf an, welche Wünsche Sie haben und auch darauf, wieviel Geld Sie für ein Inserat ausgeben möchten.

Schauen Sie sich am besten einmal die anderen Anzeigen in der Zeitung an, die Sie für Ihr Inserat ausgewählt haben. Sie verschaffen sich auf diese Weise einen Überblick darüber, welche Menschen dieses Blatt lesen, welcher Umgangston in den Anzeigen herrscht und wieviel Sie wohl durchschnittlich investieren müssen. Gehen Sie dabei immer davon aus, daß Sie nicht nur eine, sondern zwei oder drei Anzeigen aufgeben.

Wir stellen Ihnen im folgenden die verschiedenen Zeitungs- und Zeitschriftentypen vor, in denen Bekanntschafts- und/oder Heiratsanzeigen erscheinen. Zum Vergleich der unterschiedlichen Anzeigenpreise haben wir für einige Zeitungen jeweils die Kosten für zwei Musteranzeigen berechnet. Nehmen Sie die Preisangaben bitte als grobe Richtwerte nach dem Stand von Anfang 1993. Für besondere Gestaltungswünsche, wie beispielsweise Fettdruck oder Umrahmungen, erhöhen sich die Preise, außerdem wird auf den Anzeigenpreis noch die Mehrwertsteuer erhoben.

Musteranzeige 1:

Wetterfühliger Lehrer 27/1,76 sucht
liebenswerte Frau für alle Jahreszeiten. Chiffre ZX 134567

Musteranzeige 2:

Unverbesserliche Optimistin, 35 J., 1,70 m, schlank und sportlich, sehnt sich nach unkompliziertem Mann mit ausgeprägten musischen Interesse. Ich spiele gerne Klavier und weniger gerne das Hausmütterchen, schlafe sonntags bis in die Puppen und erwarte, daß Du mir dann das Frühstück ans Bett bringst. Zuschriften an: Chiffre BS 88552

Die großen Vier

Die großen Vier sind eigentlich fünf: die überregionalen Tageszeitungen wie »Frankfurter Rundschau«, »Frankfurter Allgemeine«, »Süddeutsche Zeitung«, »Die Welt« und die Wochenzeitung »Die Zeit", auf die später besonders eingegangen wird.

Es ist eine Besonderheit der deutschen Presselandschaft, daß die großen Blätter von nationaler Bedeutung im Grunde regionale Tageszeitungen sind – die »Süddeutsche Zeitung« mit einem Kernverbreitungsgebiet im Raum München und die beiden Frankfurter Blätter im Rhein-Main-Raum. Bei den überregionalen Tageszeitungen fristet der Heirats- und Kontaktanzeigenmarkt ein mehr oder weniger bescheidenes Dasein.

Besonders die »Frankfurter Allgemeine« gilt als Blatt der konservativen Intelligenz. Sie wird von Selbständigen, Freiberuflern, wirtschaftlich gut bis sehr gut situierten Männern gelesen. Ähnliches gilt für die »Welt«. Die »Süddeutsche Zeitung« und noch stärker die »Frankfurter Rundschau« gelten als liberale Blätter mit einer überwiegend männlichen Leserschaft aus dem oberen Mittelstand: Angestellte, Beamte, meist politisch und kulturell überdurchschnittlich interessiert.

Wegen der überregionalen Verbreitung müssen Sie damit rechnen, Zuschriften aus ganz Deutschland, teilweise sogar auch aus dem deutschsprachigen oder europäischen Ausland zu erhalten.

Die »Frankfurter Allgemeine« ebenso wie »Die Zeit« legen Wert darauf, daß im Inserat ein Ehewunsch zum Ausdruck kommt. Sogenannte »Bekanntschafts-« oder sogar »Kontaktanzeigen« sind hier nicht erwünscht und werden von den Anzeigenabteilungen abgelehnt. Weniger strikt verfahren hier die »Süddeutsche Zeitung« und die »Frankfurter Rundschau«, in deren Anzeigenspalten man nach Freunden, Freundinnen, Reisebekanntschaften, Sport- und Hobbypartnern und Begleitung für Kino, Theater oder Konzert suchen kann. Schlüpfrigkeiten sind allerdings auch hier tabu.

Die Wochenendausgaben der erwähnten Zeitungen erscheinen jeweils in einer Auflage zwischen 400 000 und 800 000 Exemplaren, die »Welt« bietet darüber hinaus für Ehewünsche eine Anzeigenkombination mit der »Welt am Sonntag« an. Weil jede Zeitung statistisch von zwei Personen gelesen wird, sprechen Sie mit Ihrem Inserat theoretisch bis zu eineinhalb Millionen Menschen an. Theoretisch ist die Zahl deshalb, weil die Zeitung selektiv gelesen wird, also nicht jeder Leser die Anzeigen studiert.

Anzeigenkosten

Unsere Musteranzeige 1 wäre für die »Frankfurter Allgemeine« wegen ihrer Kürze absolut untypisch, deshalb haben wir hier nur die Musteranzeige 2 einmal grob berechnet: Mit einer fettgedruckten Überschrift wäre sie cirka 20 mm hoch und würde bei einem Preis vom 6 DM pro Millimeter mit rund 120 DM zu Buche schlagen. Dazu kommen 15 DM Chiffregebühr. Eingehende Zuschriften werden drei Monate lang weitergeleitet.

Die gleiche Anzeige kostet in der gleichen Größe in der »Süddeutschen Zeitung« bei einem Preis von 4,45 DM pro Millimeter nur 89 DM. Als Chiffregebühr werden hier 5,70 DM bei Abholung der Zuschriften oder 14,82 DM bei Zusendung erhoben. Die Zuschriften werden einen Monat lang weitergeleitet. Unsere Musteranzeige 1 kostet als gestaltete Anzeige mit 10 mm Höhe inclusive Chiffregebühr für die Zusendung der Zuschriften also 59,32 DM.

Eine Anzeigenkombination für Ehewünsche bieten »Die Welt« und die »Welt am Sonntag« an. Unsere Musteranzeige 1 würde in beiden Zeitungen erscheinen und bei 10 mm Höhe 74,10 DM kosten. Dazu kommen noch 12,54 DM Chiffregebühr. Unsere Musteranzei-

Bestellschein für eine Bekanntschaftsanzeige

Bekanntschaftsanzeigen erscheinen in der Süddeutschen Zeitung hauptsächlich samstags und nur unter Chiffre.
1 Anzeigenmillimeter (= 1 Spalte breit = 45 mm und 1 mm hoch) kostet DM 4,45 inkl. 14% Mehrwertsteuer (= DM 3,90 + 14%).
Anzeigenschluß für Samstag: **Mittwoch, 17 Uhr.**
Trifft Ihr Auftrag nach Anzeigenschluß ein, rufen wir Sie wegen eines Ersatztermines an. **Chiffre-Gebühr** bei Zusendung der Offerten: DM 14,82, bei Abholung am Schalter: DM 5,70; jeweils inkl. 14% Mehrwertsteuer.

Preis- und Größenbeispiele inkl. MWSt.:
(Sie können natürlich auch andere beliebige Größen wählen!)

1spaltig breit/35 mm hoch:
DM 155,61 inkl. MWSt.
zuzüglich Chiffre-Gebühr (s. oben)

2spaltig breit/30 mm hoch:
DM 266,76 inkl. MWSt.
zuzüglich Chiffre-Gebühr (s. oben)

1spaltig breit/20 mm hoch:
DM 88,92 inkl. MWSt.
zugzüglich Chiffre-Gebühr (s. oben)

Bitte veröffentlichen Sie in der Rubrik **Bekanntschaftsanzeigen** eine Anzeige (bitte jeweiliges ankreuzen!)

☐ zum nächsterreichbaren Samstag-Termin

☐ am ____________
(bitte Datum eintragen!)

eine Anzeige ______ spaltig breit
(mindestens 1, maximal 8)/

____________ Millimeter hoch
(mindestens 3 = 1 Zeile)

Absender: (Bitte auch auf die Rückseite des Schecks!):

Name, Vorname ____________

Straße/Nr.: ____________

PLZ/Ort: ____________

Vorwahl/Telefon: ____________

Unterschrift: ____________

Der Betrag von DM ____________ (inkl. MWSt., inkl. Chiffre-Gebühr!)

☐ liegt als Scheck bei ☐ soll abgebucht werden bei:

Sparkasse/Bank: ____________

BLZ: ____________ Konto-Nr.: ____________

Der Anzeigentext:
(Bitte deutlich schreiben!)

____

____

____

____

____

____

Bitte schicken Sie den Bestellschein an: Süddeutsche Zeitung, Anzeigenabteilung, Postfach 20 22 20, 8000 München 2; Telefon: 089/23 60 80; Telefax: 089/21 83-7 95.

Abbildung 1: Bestellschein der »Süddeutschen Zeitung«

ge 2 mit 20 Millimetern Höhe würde inclusive der Chiffregebühr 160,74 DM kosten. In der »Frankfurter Rundschau« kosten private Bekanntschafts- und Heiratsanzeigen 4,67 DM pro Millimeter Höhe. Die Musteranzeige 1 mit 10 Millimetern Höhe kostete demnach 46,70 DM, die Musteranzeige 2 mit 20 Millimetern das doppelte: 93,40 DM. Als Chiffregebühr werden bei Abholung der Zuschriften 3,42 DM oder bei Zusendung 11,40 DM berechnet.

»Die Zeit«

Ganz besonders hat sich der »Heiratsmarkt« der Hamburger Wochenzeitung »Die Zeit« profiliert. Nicht nur, was die bewußte Beschränkung auf die traditionelle »Ehewunsch«-Inserate angeht, sondern auch in bezug auf ausgefeilte Anzeigenprosa ist der »Zeit-Heiratsmarkt« einer der letzten liebenswerten Dinosaurier im Bereich der Kleinanzeigen. Der in der deutschen Zeitungslandschaft unerreicht hohe Standard an Seriosität und Qualität hat sich nicht nur durch den hohen Bildungsstand der »Zeit«-Leser, ihre meist gesicherten wirtschaftlichen Verhältnisse und ihre überdurschschnittliche Belesenheit entwickelt, sondern ist auch das Ergebnis einer intensiven Betreuung der Inserenten durch die Anzeigenabteilung der Zeitung. Zur Information des Inserenten verschickt man hier einen ausführlichen Prospekt mit Text- und Preis-Beispielen und bietet die Möglichkeit einer nach Geschlecht getrennten Telefonberatung an.

Die »Zeit« wird häufiger als die oben erwähnten Tageszeitungen von Frauen gelesen, die sich wiederum gern mit dem Heiratsmarkt beschäftigen, wenn auch häufig nur aus Neugier. Die Leser der »Zeit« sind überwiegend intellektuell geprägt und deutlich stärker an Kultur interessiert als die Leser der Tageszeitung. Besonders in Lehrer- und Wissenschaftlerkreisen gehört die »Zeit« zur Pflichtlektüre.

In der »Zeit« würde unser Musterinserat 1 wegen seiner Kürze fehl am Platze wirken, deshalb verzichten wir auf eine Berechnung. Das Umfeld des »Zeit-Heiratsmarktes« legt nahe, daß der Text etwas ausführlicher formuliert wird. Anzeigen mit 20 Millimetern, wie unsere Musteranzeige 2, scheinen hier das absolute Minimum zu sein. Sie würde mit 166,44 DM zu Buche schlagen, die Zuschriften werden für drei Monate täglich an den Inserenten weitergeleitet.

Die Tageszeitung

Die Tageszeitung ist natürlich der »Klassiker«, wenn es um Heirats- und Bekanntschaftsanzeigen geht. Die Tageszeitung erscheint an Ihrem Ort, und besonders die Wochenendausgaben mit den umfangreichen Anzeigenteilen werden in hohen Auflagen weit verbreitet. Ihre Anzeige gelangt also in nahezu jeden Haushalt. Beachten Sie, daß mitunter die beiden Tageszeitungen an Ihrem Ort trotz verschiedener Titel und unterschiedlicher redaktioneller Gestaltung dennoch einen gemeinsamen Anzeigenteil haben. In Ballungsräumen kann ein solcher Verbund einer Verlagsgruppe bis zu 20 Zeitungstitel umfassen. Auskunft über die Verbreitung der Anzeigen kann Ihnen in jedem Fall das Personal in der Geschäftsstelle Ihrer Tageszeitung geben.

Eine Heirats- oder Bekanntschaftsanzeige in der Wochenendausgabe der Zeitungsgruppe WAZ erscheint zum Beispiel mit einer Auflage von rund 1,2 Millionen Exemplaren, nämlich in der »Westdeutschen Allgemeinen Zeitung«, der »Neuen Rhein/Ruhr Zeitung«, der »Westfälischen Rundschau«, der »Westfalenpost« und dem »Iserlohner Kreisanzeiger«.

Da die Anzeigenverwaltung bei Heirats- und Bekanntschaftsanzeigen nur die Möglichkeit anbietet, in der Gesamtausgabe zu inserieren, decken Sie mit einem Inserat fast die ganze Fläche zwischen dem Sauerland und dem Niederrhein ab.

Unsere Musteranzeige 1 würde bei der Zeitungsgruppe WAZ pauschal (inclusive Chiffregebühr) 113,43 DM kosten, unsere Musteranzeige 2 rund 300 DM. Gerechtfertigt wird der auf den ersten Blick recht hohe Preis durch die Gesamtauflage von mehr als 1,2 Millionen Exemplaren und die damit erzielte weite Verbreitung.

Wer im Bereich der Zeitungsgruppe WAZ ein Inserat im lokalen Bereich aufgeben möchte, muß auf eines der stadt- oder stadtteilbezogenen Anzeigenblätter ausweichen, die ebenfalls von dem Verlag herausgegeben werden.

Nicht alle regionalen Tageszeitungen erreichen eine derart weite Verbreitung wie die Blätter der WAZ-Gruppe. Hier deshalb noch einige weitere Beispiele für kleinere Zeitungen in anderen Regionen:

Bei der Zeitungsgruppe »Nürnberger Nachrichten/Nürnberger Zeitung« mit einer Gesamtauflage von cirka 900 000 Exemplaren am Wochenende im Großraum Nürnberg würde Musteranzeige 1 mit 10

Millimetern Höhe bei einem Millimeterpreis von 6,56 DM also 65,60 DM plus 11,40 DM Chiffregebühr kosten, die Musteranzeige 131,20 DM plus Chiffregebühr. In Nürnberg können die Zuschriften bei der Geschäftsstelle abgeholt oder auch zugesandt werden.

In der »Leipziger Zeitung« mit ihren angeschlossenen Blättern kostet die Musteranzeige 1 bei 4,60 DM pro mm Höhe cirka 46 DM und 10 DM Chiffregebühr (bei Abholung 5 DM), die Musteranzeige 2 insgesamt rund 100 DM.

Sie sehen hieran, daß die Anzeigenpreise von der Auflagenhöhe abhängig sind. Während einige Zeitungsgruppen Bekanntschaftsanzeigen nur in ihrer Gesamtausgabe (und damit zum höchsten Preis) veröffentlichen, gestatten andere Verlage solche Anzeigen auch in einzelnen Lokalausgaben oder einzelnen Regionen. In Tageszeitungen erscheint der Heiratsmarkt in der Regel mittwochs und samstags, wobei sich die meisten Anzeigen in der Wochenendausgabe befinden. Einige Verlage bieten Rabatte an, wenn man seine Anzeige sowohl in der Mittwochs- als auch in der Samstagsausgabe erscheinen läßt.

Vergewissern Sie sich am besten bei der Geschäftsstelle Ihrer Zeitung, welche Möglichkeiten Sie haben und wie die entsprechenden Preise sind. Erkundigen Sie sich außerdem nach den Anzeigenschlußterminen. Für die Ausgabe des nächsten Samstages ist es meist der Mittwoch oder Donnerstag der laufenden Woche. Zur Erleichterung für den Inserenten veröffentlichen viele Tageszeitungen außerdem Coupons, die man zum Aufgeben der eigenen Anzeige benutzen kann (Beispiele siehe Abbildung 1 und 2). Meist finden Sie auf diesen Vordrucken bereits Buchstabenkästchen in der entsprechenden Zeilenlänge, in die Sie Ihren Anzeigentext eintragen können. Verwenden Sie dafür unbedingt Druckbuchstaben, damit es bei der Erfassung des Anzeigentextes später nicht zu Verständnisfehlern kommt.

Die meisten Zeitungen lassen sich zugleich mit dem Anzeigenauftrag eine Einzugsermächtigung geben – das gilt auch für telefonisch aufgegebene Texte. Die Kosten des Inserats werden dann automatisch von Ihrem Bankkonto abgebucht. Sie können aber auch persönlich bei einer Geschäftsstelle der Zeitung erscheinen, um den Auftrag abzugeben und bar zu bezahlen. Eine Rechnungsstellung für private Kleinanzeigen erfolgt bei den meisten Zeitungsverlagen grundsätzlich nicht mehr.

Um einem Mißbrauch der privaten Kleinanzeigen vorzubeugen, gehen auch immer mehr Verlage dazu über, bei der Erteilung eines

Ausfüllen, ausschneiden, in Briefumschlag
stecken und einsenden an
NEUE OSNABRÜCKER ZEITUNG
Postfach 42 60, 4500 Osnabrück

Anzeigen-
Bestellschein

Bekanntschaften/Heiraten
für die Ausgaben des Wirtschaftsraumes
Osnabrück und Emsland

Bitte den gewünschten Text fortlaufend und in Druckbuchstaben in die Kästchen eintragen. Nach jedem Wort ein Kästchen als Zwischenraum freilassen.

Hiermit erteile ich die Ermächtigung zum Einzug der Veröffentlichungskosten durch Banklastschrift.

Bankleitzahl

Bankkonto

Anzeigenschluß donnerstags 16 Uhr

Bankverbindung
(Name des Geldinstitutes)

Vor- und Zuname

Straße und Hausnummer

Postleitzahl und Wohnort

Wöchentlich
samstags großer
Heiratsmarkt im Wirtschaftsraum Osnabrück
und Emsland
Treffpunkt für Partner mit Herz.

NEUE OZ

Mit den Zeitungsausgaben
Meller Kreisblatt, Wittlager Kreisblatt
Bramscher Nachrichten
Bersenbrücker Kreisblatt, Lingener Tagespost
Meppener Tagespost, Ems-Zeitung

Abbildung 2: Bestellschein der »Neuen Osnabrücker Zeitung«

Anzeigenauftrags die feste Adresse des Inserenten zu verlangen. Das heißt, Angaben wie Postfach, postlagernd oder Postlagerkarte (PLK) werden nicht akzeptiert. Sie müssen also beim Anzeigenauftrag Ihre Wohnanschrift mitteilen, können allerdings auch den Wunsch äußern, daß man Ihnen die Zuschriften an eine postlagernde oder Postfachadresse schickt.

Tageszeitungen sind Familienzeitungen und achten aus diesem Grund bei dem Anzeigentexten genau darauf, daß sowohl schlüpfrige als auch mißverständliche Wendungen nicht veröffentlicht werden. Der Spielraum des gerade noch Erlaubten ist von Zeitung zu Zeitung sehr verschieden.

Bei einer zur Vorbereitung für dieses Buch durchgeführten, nicht repräsentativen Umfrage bei rund 100 Anzeigenabteilungen von Tageszeitungen legten wir sechs Anzeigentexte vor und fragten, welche davon im Zweifelsfall nicht veröffentlicht würden:

> Badenixe, 22/175, stramme Oberweite, sucht feuchtfröhliche Kontakte mit leistungsfähigen Wassermännern. K. finanziellen Interessen. Jede aussagekräftige Zuschrift wird garantiert beantwortet.

> Attraktiver gay-boy, stark behaart und gutgebaut, sucht männliche Typen für kernige Bettspiele.

> Attraktive Beamtin, 34 J., verheiratet, sucht gepflegte Freundin für gemeinsame Unternehmungen.

> Mann für gewisse Stunden sucht Frau für gewisse Dinge. Diskretion zugesichert, keine finanziellen Interessen. Bildzuschriften angenehm, auch Telefonfreundschaft möglich.

Solventer Geschäftsmann (54), möchte junge Frau (gern Schülerin) gegen Taschengeldaufbesserung verwöhnen.

Junger Mann (23/175) sucht devote Frau für phantasiev. Bondage-Spiele.

Das Ergebnis der Befragung war überraschend eindeutig: mit Ausnahme der »attraktiven Beamtin« wurden die Texte fast durchweg als »nicht akzeptabel« eingestuft. Geringe Chancen für eine Veröffentlichung hatte noch die »Badenixe«, gelegentliche Gnade fand auch der »Mann für gewisse Stunden«. Alle anderen Texte enthielten zu viele offensichtlich sexuelle Anspielungen (»gay-boy«), bis hin zu strafrechtlich relevanten Ansinnen (»Solventer Geschäftsmann«).

Auch auf den ersten Blick so harmlose Wendungen wie »keine finanziellen Interessen« oder »Diskretion zugesichert« sind für die Anzeigenberater in den Geschäftsstellen der Tageszeitungen Anlaß, die Veröffentlichung infrage zu stellen. In solchen Fällen wird der Text in Absprache mit dem Inserenten geändert.

Doch es sind nicht nur moralische Gründe, aus denen Inserate mit möglicherweise mißverständlichen Wendungen abgelehnt werden. Genau wie Wohnungs- und Verkaufsanzeigen werden Heirats- und Bekanntschaftsanzeigen als Privatanzeigen nach einem günstigeren Tarif als gewerbliche Anzeigen abgerechnet. Jeder Verdacht, daß hinter einer privaten Anzeige ein Gewerbe versteckt ist, führt zu Nachfragen oder schlicht zur Verweigerung der Veröffentlichung.

Zuschriften unter Chiffre

Der Begriff Chiffre (arabisch *sifr* = »leer«) steht für eine Kennziffer oder Kombination aus Buchstaben und Zahlen, mit denen Anzeigen gekennzeichnet werden, deren Auftraggeber ungenannt bleiben möchte. Üblich sind Chiffre-Angaben bei Stellenangeboten und bei Bekanntschafts- und Heiratsanzeigen.

Warum Chiffre?
Der Inserent erhält die Zuschriften auf sein Inserat und kann sich selbst entscheiden, mit welchen Interessenten er Kontakt aufnimmt. Er ist vor Anrufen oder persönlichen Besuchen sicher. Er kann seine Anonymität auch wahren, wenn er abschlägige Antworten gibt, indem er auf seinen Absagebrief einfach »Betrifft CHIFFRE ...« angibt und seine Anschrift nicht nennt.

Wie antwortet man auf eine Chiffre-Anzeige?
Schreiben Sie Ihren Brief an den Inserenten, stecken Sie ihn in ein Kuvert und adressieren Sie es an die Anzeigenabteilung des Zeitungsverlags. Die Anschrift finden Sie notfalls im Impressum der Zeitung. Vermerken Sie groß und deutlich die vollständige Chiffrenummer auf dem Briefumschlag.

Antworten Sie auf mehrere Chiffreanzeigen, so können Sie die Kuverts mit Ihren Antwortbriefen, auf denen die jeweilige Chiffrenummer steht, auch in einem einzigen großen Umschlag an die Anzeigenabteilung der Zeitung schicken. Bedenken Sie: Der Inserent sieht an der fehlenden Briefmarke auf Ihrem Brief, daß Sie noch auf andere Anzeigen geantwortet haben.

Ihr Brief wird in der Anzeigenabteilung nicht geöffnet, sondern gemeinsam mit den anderen Zuschriften dem Inserenten ausgehändigt oder zugesandt. Sollte es vorkommen, daß eine Chiffrezuschrift einmal wegen einer zu klein oder zu undeutlich geschriebenen Chiffreangabe auf dem Umschlag versehentlich geöffnet wird, müssen die Mitarbeiter in der Anzeigenabteilung Stillschweigen über das bewahren, was sie eventuell gelesen haben. Zuschriften mit einer falsch angegebenen oder unvollständigen Chiffrenummer werden ungeöffnet an den Absender zurückgeschickt. Vermerken Sie deshalb immer außen auf dem Chiffrebrief Ihren Absender.

Einige Verlage haben in der Vergangenheit stichprobenartig Zuschriften auf Chiffreanzeigen geöffnet, um zu überprüfen, ob sich gewerbliche Angebote (Heiratsvermittler, Prostituierte, etc.) unter den Zuschriften befanden. Diese Praxis ist durch ein Urteil des Bundesgerichtshofes für unzulässig erklärt worden (Urteil vom 5. 11. 1991 X ZR 91/90).

In der Regel ist die Weiterleitung der Zuschriften kostenlos. Einige Verlage erheben allerdings eine Gebühr für die Weiterleitung, einige Stadtillustrierte bieten einen sogenannten »Chiffre-Express« an, das heißt die sofortige postalische Weiterleitung einer Zuschrift, statt sie mit den anderen zu sammeln und einmal pro Woche weiterzuleiten.

In diesen Fällen finden Sie bei der entsprechenden Anzeigenrubrik eine Notiz des Verlages mit den genauen Anweisungen, wie Sie zu verfahren haben.

Wie oft werden Chiffre-Zuschriften weitergeleitet?
Per Post entweder täglich oder wöchentlich. Informieren Sie sich bei der Anzeigenabteilung. Bei Selbstabholung können Sie täglich die aktuellen Zuschriften abholen.

Wie lange werden Chiffre-Zuschriften weitergeleitet?
Bei Tageszeitungen und Stadtillustrierten in der Regel drei Monate lang. In Ausnahmefällen auch länger, weil die Chiffrelisten länger aufbewahrt werden.

Chiffre = Anonymität?
Grundsätzlich dürfen Zeitungen keine Namen und Adressen von Chiffre-Inserenten preisgeben. Der Inserent kann sich darauf verlassen, daß er anonym bleibt. Nur bei Verdacht auf Straftaten müssen die Verlage Auskunft geben.

Als Gegenleistung für diese Anonymität verlangen die Verlage von Chiffre-Inserenten Auskunft über ihre Wohnadresse. Im Zweifelsfall müssen Sie Ihren Personalausweis vorlegen.

Mißbrauch von Chiffre-Anzeigen
Wenn Sie auf Ihr privates Bekanntschaftsinserat über die Chiffrenummer Angebote von Heiratsvermittlern oder andere gewerbliche Post erhalten (Kataloge, Werbedrucksachen), dann sollten Sie die Anzeigenabteilung der Zeitung unter Vorlage der Post darüber informieren. Das gleiche sollten Sie tun, wenn sich ein scheinbar privater Briefschreiber beim ersten Telefonat als gewerblicher Interessent entpuppt.

Wenn Sie auf ein Chiffre-Inserat schreiben und Antwort von einem Heiratsinstitut erhalten, liegt ganz eindeutig ein Mißbrauch vor. Informieren Sie umgehend die Anzeigenabteilung der Zeitung, die das Inserat veröffentlicht hat. Offeriert man Ihnen auf Ihre Zuschrift hin sexuelle Dienste gegen Bezahlung, sollten Sie den Kontakt sofort abbrechen.

Anzeigenblätter

In fast jedem Ballungsraum erscheinen mittlerweile auch regelmäßig Kleinanzeigenzeitungen und Anzeigenblätter – meist auf eine Stadt oder einen Stadtteil begrenzte Gratis-Zeitungen, die allwöchentlich von Prospektverteilern vor jede Haustür gelegt oder in jeden Briefkasten gesteckt werden.

Mit einem Inserat in einem Anzeigenblatt erreichen Sie nur Menschen in Ihrer nächsten Umgebung. Gerade das könnte ein Argument sein, das in Sachen Bekanntschaftsanzeigen für diese Blätter spricht. Doch in den meisten Fällen, die wir untersucht haben, fristeten die Bekanntschaftsanzeigen hier nur ein bescheidenes Dasein als unbedeutende Mini-Rubrik. Anzeigenblätter erreichen eben mit ihrer niedrigen Auflage nicht genug Menschen, um Bekanntschaftsanzeigen und Heiratsinserate in einer einigermaßen interessanten Menge zu sammeln.

Werden in Ihrem Anzeigenblatt die Bekanntschaftswünsche entweder unter »Verschiedenes« plaziert, oder stehen in der Spalte neben den privaten Anzeigen Werbeanzeigen (von Sauna-Clubs, Hostessen u.ä.), sollten Sie sich sehr gut überlegen, ob Sie sich mit Ihrem ernstgemeinten Partnerwunsch in ein solches Umfeld begeben.

Etwas anders sieht es bei den Kleinanzeigenzeitungen aus, die in zahllosen Rubriken Kauf-, Tausch- und Verkaufsangebote veröffentlichen, so daß der Eindruck eines gedruckten Trödelmarktes entsteht. Natürlich gehören auch Bekanntschafts- und Heiratsanzeigen zum festen Repertoire der Kleinanzeigenzeitungen, doch scheint diese Rubrik hier genau wie bei den Anzeigenblättern eher nur aus Gründen der Vollständigkeit geführt zu werden. Schon beim flüchtigen Durchsehen der Inserate werden Sie erkennen, daß hier nicht unbedingt die ernsthaften Kontaktwünsche geäußert werden.

Typisch dafür sind die sogenannten »Flirt-«Anzeigen, in denen Männer oder Frauen nach Menschen suchen, denen sie irgendwo einmal begegnet sind. Über den Erfolg, den wir persönlich sehr niedrig einschätzen, kann man nur mutmaßen. Hier zwei Beispiele:

> S-Bahn 14.40 an Wattenscheid-Höntrop. Donnerstag, 6. Okt. Sah Dich in der Ersten Klasse: blonder Engel, ca. 30, rotes Kostüm, schwarze Strümpfe. Hatte mich gerade in Dich verliebt (Essen-Eiberg), als Du ausgestiegen bist. Bitte melde Dich. Telefon ...

> M.-Müller-Westernhagen-Konzert, Wesfalenhalle. Habe mich mit dir am Würstchenstand über Sekt und Selters unterhalten. Will dich unbedingt wiedersehen, ruf an!

Wann inseriert man am besten?

Bei Tageszeitungen inserieren Sie am besten in der Wochenendausgabe. Hier findet Ihre Anzeige die größte Verbreitung, und hier werden die Anzeigen besonders intensiv gelesen.

Inserieren Sie möglichst nicht im Sommer, zur Urlaubszeit oder zur Karnevals- oder Faschingszeit. Lassen Sie Ihre Anzeige am besten im Frühjahr oder im Herbst erscheinen.

Zu Inseraten vor Feiertagen wie Ostern, Pfingsten und Weihnachten gibt es unterschiedliche Meinungen: Einerseits lesen viele an einer Partnerschaft interessierte Menschen gerade zu dieser Zeit verstärkt Bekanntschaftsanzeigen, andererseits sind aber auch viele Menschen, die möglicherweise Interesse haben könnten, zu dieser Zeit mit anderen Dingen beschäftigt.

Fachzeitschriften

Möglicherweise suchen Sie einen Partner oder eine Partnerin, die im gleichen Beruf tätig ist wie Sie, oder Sie möchten Menschen kennenlernen, die in der gleichen Branche wie Sie arbeiten. Vielleicht sind Sie selbständig und suchen einen Lebensgefährten, der sich ebenfalls etwas Eigenes aufgebaut hat? Dann sollten Sie überlegen, ob es nicht für Ihre Berufsgruppe, Ihre Branche oder Ihr Gewerbe eine Fachzeitschrift gibt.

Wenn Sie einem Berufsverband angehören, bekommen Sie mit einiger Sicherheit regelmäßig eine Verbandszeitschrift. Auch die beiden großen Kirchen geben eine Reihe von Blättern heraus. In vielen dieser Zeitschriften erscheinen auch Heiratsanzeigen und Kontaktwünsche, und es gibt nicht wenige Ehen, die über ein solches Inserat angebahnt worden sind.

Es gibt ein paar außerordentlich gute Argumente, die für eine Heiratsanzeige in einem Verbandsblatt oder einer Fachzeitschrift sprechen. Wenn Sie einen Partner suchen, mit dem Sie sich über Ihre beruflichen Angelegenheiten unterhalten können, oder wenn Sie sich eine Ehe nicht nur als Lebens-, sondern auch als eine Arbeitsgemeinschaft vorstellen, dann würden Sie mit einem Inserat in einer Tageszeitung viel zu viele Menschen ansprechen, die Ihre Vorstellungen ganz sicher nicht teilen. Ganz anders bei einem Inserat in einer Zeitschrift, die nur von denen gelesen wird, die in der gleichen Branche tätig sind wie Sie.

Unterhaltungszeitschriften

In vielen Unterhaltungszeitschriften gibt es Rubriken mit ganz unterschiedlichen privaten Kleinanzeigen. Da werden Tauschpartner für die verschiedensten Sammelgebiete gesucht, Fans von Filmstars oder Sängern möchten Gleichgesinnte kennenlernen. Familien suchen Freunde, bei denen sie ihren Urlaub verbringen können, oder junge Menschen möchten eine Urlaubsbekanntschaft knüpfen. In einigen Zeitschriften kann man außer seinem Text auch noch ein Foto von sich veröffentlichen – und das alles kostenlos. Eine gute Einrichtung, den die Zeitschriften als Service für ihre Leser anbieten, aber als Ort für eine ernsthafte Kontaktanzeige aus verschiedenen Gründen sicher nicht ganz geeignet.

Die kleinen Anzeigen in Rubriken wie »Club der netten Leute« oder »Treffpunkt« in Unterhaltungszeitschriften wie »Mini«, »Romanwoche« oder »Neue Welt« sind zwar kostenlos, aber die Einsender haben keinen Anspruch auf Veröffentlichung.

Sie können sich vorstellen, daß bei einer Zeitschrift mit einer hohen Auflage Tausende von Anzeigentexten eingehen, von denen dann aber nur die zehn oder zwanzig ausgewählt werden, die auf einer Seite veröffentlicht werden können. Doch wenn Sie ernsthaft einen Partner suchen, dann wollen Sie sicher auch genau wissen, wann Ihr Inserat veröffentlicht wird.

Außerdem möchten Sie bestimmt auch, daß Ihr Text genau so erscheint, wie Sie ihn formuliert haben. Bei den Kontaktecken der Unterhaltungszeitschriften ist es aber durchaus üblich, daß die eingehenden Texte von der Redaktion »bearbeitet« werden, bis sie ins Konzept des Blattes passen. Auf diese Art und Weise kann aus Ihrer eigentlich einmal originell formulierten Anzeige ein ganz gewöhnliches Gesuch werden.

Der letzte und schwerwiegendste Nachteil dieser Kontaktecken ist allerdings, daß in der Regel die Anzeigen mit der vollen Anschrift des Inserenten veröffentlicht werden. Damit erspart sich der Verlag die Arbeit, eine Chiffreliste zu führen und eingehende Zuschriften zu sortieren und weiterzuschicken. Auch für den Inserenten scheint es auf den ersten Blick einfacher, die Briefe von Interessenten ohne Umweg zu bekommen, doch besonders Frauen, die – womöglich noch mit Foto – in einer solchen Kontaktecke inseriert haben, können ein Lied davon singen, was für zweifelhafte Zeitgenossen sich außer den ernsthaften Bewerbern noch melden.

Es gibt allerdings auch einige wenige Unterhaltungszeitschriften, in denen Bekanntschafts- und Heiratsanzeigen unter den gleichen Bedingungen wie in Tageszeitungen erscheinen – also unter Chiffre und gegen Bezahlung. Hierzu gehört beispielsweise das Wochenblatt »Heim und Welt«.

Es sind überwiegend ältere Menschen, die hier in den Rubriken wie »Wohngemeinschaft«, »Bekanntschaft/Briefwechsel« oder »Lebensglück« nach einem neuen Partner suchen. Dabei erfährt der Kleinanzeigenteil durch die eingestreuten gewerblichen Inserate von professionellen Geistersehern, Sterndeutern und Kreditvermittlern eine beträchtliche Auflockerung. Wenn Sie also nicht nur an dem redaktionellen Angebot dieser Zeitschrift Gefallen finden, sondern sich darüber hinaus vorstellen können, auf eine der dort veröffentlichten Kleinanzeigen zu antworten, dann können Sie auch mit gutem Gewissen hier inserieren.

Stadtillustrierte

In den letzten Jahren haben sich die Stadtillustrierten mit ihren Lifestyle-Stories und ihren umfänglichen Kulturberichten, Film,- Musik- und Theaterkritiken und vor allen Dingen mit ihren ausführlichen Veranstaltungskalendern besonders in Großstädten oder Ballungsräumen zu einem ernstzunehmenden Medium entwickelt. Sie erreichen bei weitem nicht die Auflagenstärke der örtlichen Tageszeitung, erscheinen fast ausschließlich einmal im Monat und bringen in jeder Ausgabe zahlreiche Kontaktanzeigen.

Mit einem Inserat in einer Stadtillustrierten sprechen Sie vor allem jüngere Menschen an. Sie können davon ausgehen, daß die meisten Leser sich für populäre Kultur interessieren, daß sie aktiver sind als andere Zeitgenossen und in der Regel über ein gutes Einkommen verfügen. Zwar entsprechen nicht alle Leser der Stadtillustrierten dem Klischeebild des Yuppies, aber es gibt unter ihnen doch überdurchschnittlich viele junge, aufstrebende, geschäftstüchtige Selbständige und Freiberufler, die ihre Freizeit aktiv gestalten oder das zumindest schon immer wollten.

Die Kontaktanzeigen einer Stadtillustrierten sind bei weitem origineller zu lesen als der Heiratsmarkt einer Tageszeitung – hier steht der ernsthafte Partnerwunsch neben den reinen »Nur so«-Anzeigen, die einfach aus einer Laune heraus aufgegeben werden.

Weil in Stadtillustrierten die Kleinanzeigen meist zeilenweise berechnet werden und auch wegen der geringen Auflagen durchweg preiswerter sind als Tageszeitungsinserate, sind die Texte hier nicht nur einfallsreicher, sondern auch ausführlicher. Wenn es den Zeitgeist überhaupt gibt, dann meldet er sich hier zu Wort.

Ganz zeitgemäß sind hier zumindest die Rubrizierungen der Anzeigen. Die Rubrik »Heiraten« sucht man in den meisten vergeblich, denn hier wird nur nach Partnern Ausschau gehalten – für ein Aben-

1 ____________________
2 ____________________
3 ____________________
4 ____________________
5 ____________________
6 ____________________
7 ____________________
8 ____________________
9 ____________________
10 ____________________
11 ____________________
12 ____________________

☐ Privat ☐ Gewerblich Chiffre: ☐ ja ☑ nein

☐ Sie sucht Ihn	☐ Gruß und Kuß	☐ Kinder
☐ Er sucht Sie	☐ Reisen	☐ Transporte
☐ Er sucht Ihn	☐ Musik	☐ Wohnen
☐ Sie sucht Sie	☐ Kurse/Unterricht/Projekte	☐ Jobs
☐ Lust & Frust	☐ Psyche	☐ An- und Verkauf
☐ Treff und Freunde	☐ Dies und Das	☐ Kleingewerbe

☐ Rahmen schwarz ☐ Rahmen rot ☐ gelb unterlegt (ohne Rahmen) ☐ Text rot ☐ Text fett ☐ Text zentriert

EXTRA-SERVICE! Meine Anzeige soll in folgender/n PRINZ-Ausgabe/n erscheinen:

☐ Ausgabe-Nummer/n: ________ (bis auf Widerruf)

☐ Hamburg	☐ Bremen	☐ Ruhrgebiet	☐ Köln	☐ Stuttgart
☐ Berlin	☐ Hannover	☐ Düsseldorf	☐ Frankfurt	☐ München

Bezahlung:

☐ DM ________ liegen bei
☐ VR-Scheck über ________ liegt bei
☐ Bankeinzug
☐ Bankbeleg liegt bei (Bankverbindung siehe rechts oben)

Kontoinhaber (Name, Vorname)

Bankinstitut

BLZ

Konto-Nummer

Adresse:

Name, Vorname

Straße

PLZ, Ort

Telefon-Nr.

Unterschrift

Bitte Adresse vollständig eintragen
(postlagernd oder Postfach allein genügt nicht!)

Abbildung 3: Coupon des »Prinz«

teuer, eine Freundschaft, eine Beziehung oder Partnerschaft. Und auch wenn eine spätere Heirat nicht ausgeschlossen ist – im Anzeigentext spielt sie keine Rolle.

Also sucht man hier entsprechend der sexuellen Orientierung: Mann sucht Frau, Frau sucht Mann, Mann sucht Mann, Frau sucht Frau, Hund sucht Katze. Phantasievoll heißt die Abteilung mit den Bekanntschaftsanzeigen vielleicht auch »Lonely hearts« und die Unterrubriken dann »Tarzan sucht Jane« und »Julia sucht Romeo«.

Verschiedene Magazine sind in jüngster Zeit dazu übergegangen, für ihre Inserenten sog. Lonely-Hearts-Parties zu veranstalten. Jeder, der in einer bestimmten Ausgabe eine Kontaktanzeige mit Chiffrenummer aufgegeben hat, bekommt vom Verlag eine Eintrittskarte zugeschickt. Die Chiffrenummern, die am Veranstaltungsort der Party aushängen, sind identisch mit den Chiffrenummern, die auf Pulli, auf Bluse oder Sakko der Teilnehmer getragen werden, so daß ein Märchenprinz seine Traumfrau durchaus finden könnte ...

Unsere Musteranzeige 1 würde in der Nürnberger Stadtillustrierten »plärrer« pauschal mit 5 DM plus 5 DM Chiffregebühr, also nur 10 DM kosten. Der »plärrer« berechnet bei privaten Kleinanzeigen pauschal 5 DM für die ersten fünf und 2 DM für jede weitere angefangene Zeile zu 20 Zeichen. Unsere Musteranzeige 2 würde also inklusive Chiffregebühr 35 DM kosten. Beim »Schädelspalter« sind für private Kleinanzeigen die ersten fünf Zeilen zu 25 Zeichen kostenlos, es wird nur eine Chiffregebühr von 10 DM erhoben. Anzeigen zwischen fünf und zehn Zeilen kosten pauschal 5 DM plus Chiffregebühr.

Ähnlich rechnet das Berliner Stadtmagazin »Zitty«, das genau wie sein Konkurrenzblatt »tip« vierzehntäglich erscheint. Pro angefangene fünf Zeilen kostet eine private Kleinanzeige hier 5 DM, dazu kommen 5 DM Chiffregebühr.

Ein Inserat in einer Stadtillustrierten ist also eine preiswerte Alternative zu einer Anzeige in der Tageszeitung. Doch nicht nur deshalb erfreuen sich diese Zeitschriften bei Kontakt- und Partnersuchenden großer Beliebtheit. Anders als die Tageszeitungen sind die Stadtillustrierten wesentlich liberaler bei den Inhalten der Kontaktanzeigen. Viele haben sogar neben den Rubriken für Partnersuchende noch besondere Spalten für reine »Sexkontakte« eingerichtet, in denen je nach Wandel des Geschmacks und des Zeitgeistes Partner für Tantra-Sex oder zum Nachspielen verschiedener Szenen aus Filmen wie »Neuneinhalb Wochen« oder »Basic Instinct« gesucht werden.

Exemplarisch für die Haltung der Stadtillustrierten in Sachen Kleinanzeigenmarkt mag hier die Aussage des »plärrer« stehen: »Generell stehen wir auf dem Standpunkt, daß wir möglichst wenig Zensur ausüben wollen. Wir setzen voraus, daß erwachsene Leser eigenverantwortlich handeln und auf abgedruckte Anzeigen nicht zu antworten brauchen. Es ist außerordentlich schwierig, jede Anzeige auf ihre wahre Intention zu prüfen.« Es gilt also in den Stadtillustrierten: erlaubt ist, was gefällt.

In den Stadtillustrierten hat sich außerdem ein großer Kontaktanzeigenmarkt für gleichgeschlechtliche Partnerschaften etabliert. Der Ton der Anzeigen ist offen, aber nicht vulgär. Was in einer Tageszeitung wegen der internen Richtlinien höchstens dezent als

> Mann, 33, sportlich, sucht netten Partner für Surf- und Segelabenteuer ...

oder als

> Attraktive Beamtin, 34, möchte nette Freundin für gemeinsame Unternehmungen kennenlernen ...

möglich ist, klingt in einer Stadtillustrierten immerhin ganz unverkrampft:

> Stark behaarter Bartträger, 33, verwöhnt netten scharfen Jeans-Boy ...

und

> Mona, 34/178 lesbisch, sucht sanfte Julia zum Knuddeln und Küssen, bei Tag und bei Nacht ...

Sex-Kontakt-Magazine

Noch offener als die Sex-Kontaktanzeigen der Stadtillustrierten sind die Kontaktwünsche in speziellen Sex-Kontaktmagazinen. An Eindeutigkeit lassen die Inserate selten etwas zu wünschen übrig. Der Mann, der sich hier als »gutgebaut« anpreist, hat ganz eindeutige Wünsche, und die Frau, die »zu allem bereit« ist, meint das auch so (solange es Spaß macht). Letzte Zweifel über die rein sexuelle Ambition räumen schließlich die Fotos aus, auf denen die Inserenten und Inserentinnen sich anpreisen.

Pornographie oder nicht? Tatsache ist, daß die sexuelle Revolution der sechziger Jahre hier einen Partnermarkt hervorgebracht hat, der sich längst nicht mehr auf die »speziellen« Blätter beschränkt, wie die Veröffentlichung von Sex-Kontaktanzeigen in den Stadtillustrierten beweist. Wer allerdings in Blättern der St.-Pauli-Presse und Spezial-Magazinen wie »Happy Weekend« oder »Club Caprice« inseriert, sollte sich zunächst einmal darüber klar sein, in welche Umgebung er sich begibt. Hier geht es zuallererst um die Anbahnung sexueller Kontakte und nur in zweiter Linie um Freundschaft oder Partnerschaft. Außerdem ist bei dieser Spielart der Kontaktanzeigen trotz der Seriosität, mit der die meisten Verlage arbeiten, die Quote der zweifelhaften Offerten wesentlich höher als in jedem anderen Bekanntschaftsmarkt.

Dennoch soll nicht geleugnet werden, daß man hier durchaus einen gleichgesinnten Partner oder eine Partnerin zur Bereicherung des erotischen Ehe- oder Single-Lebens finden kann. Wie in allen anderen Bereichen des Lebens macht auch hier der Ton die Musik. Wer seinen Anzeigentext mit Zoten spickt, wird Antworten erhalten, die sich auf dem gleichen Niveau bewegen.

Ein freizügiges, aber dennoch stilvolles Inserat könnte beispielsweise lauten:

> Raum Rhein-Main: Junges Paar sucht Paar(e) und Einzelpersonen. Dauerfreundschaft (nicht nur im Bett) erwünscht. Beide leicht bi, machen alles mit. »Alles kann, nichts muß.« Zuschriften bitte nur mit Bild.

Das erfolgreiche Inserat

Glaubt man der Statistik, so werden gegenwärtig pro Monat in deutschen Tages- und Wochenzeitungen mehr als 450 000 Kontaktanzeigen aufgegeben. Männer und Frauen im Alter zwischen 20 und 65 Jahren inserieren dabei in Rubriken wie »Ehewünsche«, »Freundschaft« oder »Bekanntschaften« und wählen, je nach sozialem Stand und Anspruch, Medien wie die »Lübecker Nachrichten«, die »Westdeutsche Allgemeine Zeitung«, die »Frankfurter Rundschau« oder die »Zeit«. Immer öfter sucht dabei auch »Robert« seinen »Hans« oder »Ulla« ihre »Stefanie«, vor allem in der Alternativpresse, die sich in ihren Anzeigenforen liberaler und auch preisgünstiger zeigt.

Margot Berghaus, die 1985 eine Studie zur Soziologie privater Beziehungen veröffentlichte, hat sich in ihrer Abhandlung u.a. mit der Fragestellung beschäftigt, wer gegenwärtig Kontaktanzeigen aufgibt. Als Ergebnis nennt sie zwei charakteristische Typen: den »Defizit-Inserenten«, der aus Einsamkeit und Kontaktmangel Annoncen aufgibt, und den »Konsum-Inserenten«, für den das Inserieren ein Plus an Begegnungschancen darstellt: »Die Defizit-Inserenten machen die Mehrheit aus, nämlich einen Anteil von zwei Dritteln. Zu ihnen gehören vorwiegend junge Männer, ältere Frauen, alleinerziehende Mütter und Väter sowie beruflich Desintegierte (Arbeitslose, Rentner, Nur-Hausfrauen und Erwachsene, die noch in der Ausbildung sind). Sie fühlen sich, was ihre zwischenmenschlichen Kontakte betrifft, auf irgendeine Weise benachteiligt. Sie sind entweder durch äußere Umstände isoliert oder durch ihre innere Einstellung vereinsamt oder durch momentane Begebenheiten in ihren sozialen Beziehungen aus der Bahn geworfen. Die modernen Konsum-Inserenten sind da von anderer Art. Sie haben das Annoncieren ›nicht nötig‹, nehmen aber gern alles in Anspruch, was die moderne Gesellschaft an Möglichkeiten zur menschlichen Begegnung bietet. Dieser Inserententyp macht immerhin 30% aus. Er versteht und benutzt Anzeigen nicht als Sozialhilfe für Benachteiligte, sondern als praktische Methode, Kontaktchancen zu verbessern.«

Männer annoncieren häufiger als Frauen, ergreifen die Inserenteninitiative auch deshalb, weil es einen Überschuß von ca. einer Million männlicher Singles in Deutschland gibt. Zu differenzieren ist dabei jedoch nach Annoncen in überregionalen Tageszeitungen wie »Frankfurter Allgemeine Zeitung«, »Die Welt« oder »Die Zeit«, in denen fast die Hälfte der Annoncierer Frauen ausmachen. Nach Berghaus ein Zeichen der Emanzipation und Selbstbehauptung, die kennzeichnend für sozial höhere Schichten ist.

Über die Rückläufe von Kontaktanzeigen, über die Anzahl der erhaltenen Briefe, über erfolgreiche und weniger erfolgreiche Annoncen gibt es nur Vermutungen und subjektive Erfahrungswerte. So kann es vorkommen, daß Frauen auf eine einzige Annonce 60 bis 80, zuweilen auch mehr als 100 Zuschriften bekommen. Männer dagegen können jubeln, wenn sie 10 oder 15 Zuschriften erhalten (der Durchschnitt liegt hier bei 3 bis 5 Antwortbriefen).

Einer der Hauptfaktoren, die den Erfolg oder Mißerfolg einer Anzeige beeinflussen, hat eine ganz formale Ursache und ist am Alter der inserierenden Person festgemacht. (Hier kommen allerdings auch Klischees von Jugend und Alter zum Ausdruck.) So verzeichnen Frauen bis 30 Jahre die meisten Zuschriften, was zum einen mit der Vorstellung der Männer von weiblicher Attraktivität zu tun hat; zum anderen gehen die meisten Frauen dauerhafte Verbindungen im Alter zwischen 25 und 30 Jahren ein. Die Zahl wirklich »freier« Partnerinnen ab 30 nimmt statistisch gesehen von Jahr zu Jahr ab. Die Erfolgsaussichten weiblicher Inserate sinken deutlich zwischen 30 und 45 Jahren und sind mit dem Überschreiten der 50 nur noch verschwindend gering.

Umgekehrt haben Männer um die 50 sehr große Anzeigenerfolge. Wer in diesem Lebensabschnitt wieder offen für eine Beziehung ist, kann in der Regel auf solide materielle Verhältnisse verweisen (was für manche Frauen von nicht zu unterschätzender Bedeutung ist) sowie auf relativ klare und reife Vorstellungen vom Leben. Ähnlich erfolgreich sind die Annoncen von 30- bis 40jährigen Männern, da auch sie ihre Sturm-, Ausbildungs- und Drangjahre weitgehend hinter sich haben und in der Regel eine feste, dauerhafte Beziehung anstreben. Männer zwischen 20 und 30 dagegen haben nachweislich den geringsten Anzeigenerfolg.

Ein zweiter wichtiger Faktor, der über den Erfolg einer Kontaktanzeige entscheidet, ist die Wahl der richtigen Zeitung. Ein anspruchsvolles Medium wie die »Zeit«, die »Süddeutsche Zeitung« oder die »Frankfurter Rundschau« wird von einem Personenkreis mit hohem Bildungsstand gelesen. Ein Inserent, der nicht annähernd das Niveau und den Ton trifft, den die Leser dieser Zeitungen zum Kriterium ihrer Auswahl machen, annonciert hier vergeblich.

Dieselbe Wechselwirkung besteht auch in der sogenannten Alternativpresse, die durch ihren unkonventionellen Anspruch überaus lebendige und phantasievolle Anzeigenforen bietet. Wer im »Prinz«, im Frankfurter »Pflasterstrand« oder im Berliner »Zitty« inseriert, wird von Studenten, Jungakademikern oder eingefleischten Individualisten gelesen. Konventionelle und steif wirkende Inserate gehen hier ebenso unter wie Annoncen von Handwerkslehrlingen, von Hausfrauen oder Rentnern.

So unspezifisch und breit dagegen das Lesepublikum einer Tageszeitung (wie beispielsweise des »Kölner Stadtanzeigers« oder der »Neuen Ruhr Zeitung«) ist, so birgt sie wiederum Gefahren für den Inserenten, die auf einer ganz anderen Ebene liegen. Denn hier annoncieren Personen aus unterschiedlichen sozialen Schichten und Milieus, stehen Verkäuferinnen neben Verwaltungsangestellten, Lehrerinnen neben Sekretärinnen und Ingenieure neben Bäckergesellen.

Eine Anzeige, die man mühsam und nach langem Abwägen zur Veröffentlichung freigegeben hat, steht hier plötzlich in einem Umfeld von Mitinserenten, das der eigenen Anzeige unmerklich einen bestimmten Stellenwert im Ganzen gibt. Ein Inserat, das isoliert gelesen ganz plausibel und gut klingt, kann im Kontext einer Anzeigenseite völlig untergehen und vom Leser ignoriert werden, weil es zu trocken und sperrig, zu kurz, zu fleischlos oder zu phantasielos geschrieben wurde. Guten und originellen Inseraten dagegen bietet das Umfeld eine Chance, um sich positiv von den anderen Annoncen abzuheben.

Wie sehr eine Kontaktanzeigenseite auch ein Markt ist, auf dem sich die unterschiedlichsten Personen auf unterschiedlichste Weise anbieten und dabei – gewollt oder ungewollt – andere ausbooten, wird gerade auf der Anzeigenseite einer Tageszeitung am augenfälligsten, da sie aus weniger einheitlichen Inseraten besteht als die Seiten in der Alternativpresse oder in anspruchsvollen Bildungsblättern.

Das soziale und intellektuelle Gefälle kann hier sehr groß sein, und es wird (leider) immer diejenigen Inserenten begünstigen, deren Text geschliffener, bunter und besser verpackt ist als derjenige der anderen.

Wie sehr bestimmte Anzeigen auffallen und andere sofort aus dem Leserinteresse herausfallen, zeigt beispielhaft die Auswahl von Kontaktanzeigen, die wir für Sie auf Seite 40 und 41 zusammengestellt haben. Sie findet sich in ähnlicher Form in jeder Tageszeitung.

21 Inserenten geben dort auf unterschiedlichste Art ihre Visitenkarte ab, und doch gelingt es nur wenigen, die Aufmerksamkeit des Lesers wirklich zu fesseln und den entscheidenden Kick herüberzubringen, daß das Auge sich festliest und so etwas wie Neugier auf den anderen entsteht.

Solche Anzeigen fallen dabei oft nur durch Kleinigkeiten auf, beispielsweise durch Wendungen wie »Stiller Einzelgänger« oder »Anschmiegsame Skorpion-Frau«, die sofort eine positive Assoziation im Leser erzeugen (es kommt natürlich auf den Leser an!). Es können unverbrauchte Sätze sein, wie die Anzeige 4 (»ein Mann, der mit mir auf einer Wellenlänge, auch bei stürmischer See, schwimmen will«) oder einfach Sätze, die sympathische Bilder auslösen wie »Wilder 69er sucht Herzklopfen«.

Der Erfolg dieser Anzeigen liegt im Arrangement begründet, im geschickten und klugen Einsatz von Sprache, im – bewußten oder unbewußten – Anwenden einer Grammatik der Kontaktanzeige. Diese Grammatik setzt sich aus wenigen Regeln und Bausteinen zusammen und ist für jeden einzelnen erlernbar.

Die folgenden Kapitel werden deshalb ausführlich die wichtigsten Grundregeln für eine erfolgreiche Kontaktanzeige vorstellen. Schritt für Schritt und mit zahlreichen (vorbildlichen und abschreckenden) Beispielen wird dabei gezeigt, wie man Fehler beim Texten einer Annonce vermeidet und statt dessen zu guten und erfolgreichen Inseraten gelangen kann.

Der Leser als Filter

Wer regelmäßig oder auch nur sporadisch Kontaktanzeigen liest, wird immer wieder Inserate entdecken, die ihm gefallen; er wird von Menschen lesen, die mit wenigen Worten und in wenigen Zeilen ein Bild von sich aufbauen, das zum Verweilen und Phantasieren reizt. Man wird solche Anzeigen ankreuzen oder ausschneiden, sie gegeneinander abwägen und in eine Rangfolge bringen. Wird sie hin- und

1 **Galerist** oder Künstler ges. v. femininer Malerin, Ende 40, für eine dauerhafte, kreative Lebensgemeinschaft. Zuschr. u. 15 ZE 083653.

2 **In Ulm** und um Ulm herum, wünscht sich eine kultivierte, charmante Frau, um die 50, einen humorvollen selbstbewußten Mann. Zuschr. unter 15 ZE 966453.

3 **Er,** 24/194/75, sucht Sie im Raum HSK. Zuschr. u. 15 ZE 8857231.

4 **Fische-Frau,** 36, sucht zur Belebung der Frühjahrsmüdigkeit und mehr toleranten, selbständigen Mann, der mit mir auf einer Wellenlänge, auch bei stürmischer See, schwimmen will. Zuschr. u. 15 ZE 908 96778.

5 **Wilder 69er** sucht Herzklopfen! Nachtschwärmer, Freizeitler, Zweiradler, Vielsportler, Köln-Fan, will die Nacht zum Tag machen. Für Frauen, die JA sagen können. Zuschr. u. 15 ZE 877435.

6 **Wenn Du wach wirst**, müssen X wir noch lange nicht aufstehen. Ich (m/25 Jahre/176) suche Sie zwischen 20 und 30 Jahren für die zärtliche Seite des Sommers und darüberhinaus. Zuschr. u. 15 ZE 85 5167.

7 **Anschmiegsame** Skorpion-Frau (42/174), schlank, sportlich, hübsch, studiert, gesch., möchte ungebund. Fische-Mann angeln. Raum ULM bis 200 km. Bildzuschr. u. 15 ZE 68926114.

8 **Witwe,** 70 J. su. Partner pass. Alters. Zuschr. unter 15 ZE 855532.

9 **Schnäppchen!** Netter Er, 33/178, sucht Sie. Zuschr. u. 15 ZE 007611.

10 **Attr. Sie,** gesicherte Position, 50/165/65, sucht attr. Er, bis 55, ab 178, gutsituiert, charakterfest, Körper und Geist sollten harmonieren, R. Essen u. Umgebung. Bildzuschr. u. 15 ZE 879709.

11 **Ich:** bin 28/183, Grundlagenforscher, prom., kulturell und geisteswiss. aktiv, feinfühlig, furchtbar reflektiert, manchmal schwierig, lebenslustig, brauche und gebe viel Zärtlichkeit, lebe in 5 und 479, liebe frei und treu.
Du: liebst mich. Brief und Bild bitte an 15 ZE 86432532

12 **Lieber, netter Jugoslawe**, 39, 170, schlank, lieb, lustig, von Beruf Wachmann, motorisiert, möchte nette, schlanke, liebevolle Dame, auch älter, kennenlernen, für eine dauerhafte, zärtliche Beziehung. Nur Raum Bremen. Zuschr. u. 15 ZE 231425.

13 **Eigentlich habe ich** es ja gar nicht nötig, Kontaktanzeigen aufzugeben! Wenn auch Du es nicht nötig hast, lernen wir uns ja nie kennen! Aber vielleicht meldest Du Dich ja trotzdem! Ich (männlich, 22, 170, 66) würde mich jedenfalls auf ein Bild von Dir sehr freuen! Zuschriften unter 15 ZE 672 768 56.

14 **Sie,** 22/169, sucht Partner für gemeinsame Aktivitäten. Zuschr. u. 15 ZE 4357134.

15 **Sie,** 24 Jahre, sucht netten Partner zwecks Freizeitgestaltung. Bildzuschrift erwünscht. 15 ZE 335218.

16 **Stiller Einzelgänger,** 26, sucht sensible Freundin. Zuschr. u. 15 ZE 983331.

17 **Nicht alltägl. Sie,** 36, 168, schl., mit Chic u. Charme, finanziell unabh., mit pflegel. 5j. Tochter, sucht aus Mangel an Gelegenheit, niveauv. gebild. Ihn, der sowohl in Jeans als auch im Zweireiher eine gute Figur macht. Zuschr. u. 15 ZE 883156.

18 **Nicht für immer,** aber für öfters und vielleicht für immer öfters. Lebendige Frau (31 Jahre/176) sucht lebendig. Mann (28–38 Jahre). Zuschr. unter 15 ZE 906031.

19 **Eine seelische** o. körperl. Behinderung kein Hindernis. Er, 39/184 u. Tochter, 11, mit großem Haus im Westerwald, su. häusl. u. treue Partnerin, die zu uns zieht. Aussiedlerin angenehm. Zuschr. u. 15 ZE 362 81989.

20 **Gefragt sind Jungs,** die extravagant, flippig, frech, fröhlich, humorvoll, offen, kreativ, pfiffig, spaßig, spontan und verrückt sind, um mir, 23/180, einen außergalaktisch witzigen Brief zu schicken! Zuschr. u. 15 ZE 759312.

21 **Er,** 39, 180, Angestellter, geschieden, sucht nette, natürliche Sie für gemeinsame Zukunft. Zuschr. unter 15 ZE 44 2667.

herschieben und am Ende zweien oder vielleicht dreien der Inserenten schreiben.

Zahlreiche Anzeigen, vielleicht 90 oder 95 Prozent einer ganzen Samstagsausgabe, sind zu diesem Zeitpunkt auf der Strecke geblieben, und darunter sind nicht nur die schlechten und mittelmäßigen, sondern immer auch gute und sehr gute.

Der Grund dafür ist einfach und liegt im Leser selbst, der aufgrund seiner biographischen Voraussetzungen und Wünsche (Alter, Geschlecht, Wohnort, angestrebte Bindung und mehr) das Angebot an Anzeigen wie ein Filter aussiebt. Ein Inserent kann diesen Prozeß nicht steuern, weil er sich immer nur so geben kann, wie er ist. Ob diese Selbstdarstellung angenommen wird und er einen Leser erreicht, dessen Wünsche und Vorstellungen mit denen des Inserenten zusammenfallen (und seien sie ganz formal am Alter oder an der Größe festgemacht), ist allein dem Zufall überlassen.

Sie können diesen entscheidenden Ausleseprozeß im kleinen Rahmen einmal bewußt nachvollziehen, indem Sie sich in die beiden Personen hineinversetzen, die wir im folgenden beispielhaft für ein Planspiel heranziehen.

Daniel, 33, Ingenieur

Beginnen wir mit Daniel, einem 33jährigen Ingenieur, der nach seinem Studium bei Siemens in Essen angeheuert hat und dort für Störfälle in Kohlekraftwerken Nordrhein-Westfalens verantwortlich ist. Die Position ist gut dotiert und erlaubt es, ein Leben zu führen, in dem regelmäßige Urlaube, ein Mittelklassewagen und eine Eigentumswohnung zum Standard gehören. Das berufliche Aufgabenfeld beschränkt sich auf Organisation, gelegentlich bringt es kurze Auslandsaufenthalte mit sich. Für sein Privatleben sucht Daniel eine Frau, mit der er bereit wäre, eine Familie zu gründen. Sie sollte zwischen 25 und 30 Jahre alt sein, möglichst studiert haben (oder noch studieren) und im Ruhrgebiet wohnen.

Mit diesen Vorgaben sind Anzeigen, wie sie auf den Seiten 40 und 41 abgedruckt ist, leicht überflogen. Alle Männer (und damit die Anzeigen 3, 5, 6, 9, 11, 12, 13, 16, und 21) fallen hier von vorneherein aus dem Suchraster. Und da das Alter der Wunschpartnerin vorgegeben ist, haben auch die Inserate 1, 2, 4, 7, 8, 10 und 17 keine Chance.

Bleiben die Anzeigen 14, 15, 18 und 20 für eine ernsthaftere Betrachtung übrig. Vergleicht man die vier Texte, so fällt Nummer 20 wegen des schnoddrigen, etwas zu jugendlichen Textes heraus. »Extravagant, fröhlich, offen und kreativ«, das wäre Daniel, aber ein »Junge« ist er nicht mehr, und Lust auf »außergalaktisch-witzige Briefe« hat er einfach nicht. Die Anzeigen 14 und 15 stammen von sehr jungen Frauen, die beide zunächst auf ein unverbindliches Kennenlernen (»gemeinsame Aktivitäten«, »Freizeitgestaltung«) aus sind. Diese Anzeigen sagen so gut wie nichts über die Inserentinnen aus, weder über den Beruf noch über die Person noch über den gewünschten Partner. Insgesamt nicht falsch, aber in ihrer Aussage doch sehr konventionell und dünn.

Bleibt Anzeige Nummer 18, in der der Satz »Nicht für immer, aber für öfters und vielleicht immer öfters« auf eine kluge, feinsinnige Frau schließen läßt, die ihre Hoffnung auf einen dezent formulierten Dreischritt zum Ausdruck bringt. Das »nicht für immer« erscheint dabei wie eine Provokation oder Herausforderung, die eher anzieht als abschreckt. So kurz diese Anzeige auch ist, so sagt sie zwischen den Zeilen eine Menge über die Inserentin aus. Ob diese Frau allerdings im Ruhrgebiet wohnt und ob sie studiert (hat), bleibt offen und muß sich im Brief oder im ersten Telefonat herausstellen.

Birgit, 24, Verwaltungsangestellte

In unserem zweiten Beispiel sollen die Anzeigen auf den Seiten 40 und 41 mit den Augen von Birgit, einer 24jährigen Verwaltungsangestellten aus Darmstadt, gelesen werden. Birgit hat ein Jahr lang bei ihrem Freund gelebt und ist, als die Beziehung gescheitert ist, wegen der niedrigeren Miete in eine 60-m^2-Wohung nach Griesheim gezogen. Weil sie dort niemanden kennt, liest sie Kontaktanzeigen und schreibt den Inserenten. Ihre Wunschvorstellung wäre ein treuer Partner, der gut aussieht, 25 bis 30 Jahre alt ist und beruflich sein gutes Auskommen hat. Allzu bindungswillig ist Birgit nicht; nach einer enttäuschten Beziehung möchte sie lieber noch eine Weile experimentieren. Da Birgit mobil ist, würde sie einen Partner im Umkreis von 100 km von ihrem Wohnort akzeptieren.

Bezogen auf unsere Musterseite hat Birgit die Auswahl zwischen den Inseraten 3, 5, 6, 11 und 16. Die Männer in Anzeige 9, 12, 19 und 21 sind ihr zu alt, der 22jährige Mann in Inserat 13 erscheint ihr zu umständlich und vielleicht auch etwas zu linkisch. Inserent 3 fällt aus dem Kreis der Mitbewerber, weil Birgit sich nichts unter seiner Person vorstellen kann, außer daß er 20 cm größer ist als sie. Außerdem wäre der Hochsauerlandkreis (HSK) für sie zu weit entfernt. Der Grundlagenforscher in Anzeige 11 flößt ihr zu viel Respekt ein, da er promoviert hat und ihr sehr wissenschaftlich erscheint. Und auch der »wilde 69er« in Anzeige 5 weckt in ihr eher Assoziationen von Studentenunruhen und Demonstrationen.

Bleiben die beiden Männer in Anzeige 6 und 16, die beide einen sympathischen Eindruck machen – der eine durch sein offenes Eingeständnis, ein »stiller Einzelgänger« zu sein, der andere durch seine Aufwachphantasien vom Liegenbleiben. Allerdings fehlen auch hier die Ortsangaben und Hinweise, die eine ungefähre soziale Einordnung der Inserenten zulassen. Wollen beide Männer beispielsweise eine Akademikern als Partnerin oder eine Frau, die möglichst schnell in den Ehehafen steuert, so wird Birgit für beide Inserenten nicht die richtige sein.

Der Ausleseprozeß von Kontaktanzeigen ist ein vielschichtiger Vorgang, bei dem bestimmte Informationen über die Akzeptanz und engere Auswahl entscheiden. Je ausführlicher ein Text und die Selbstdarstellung des Inserenten sind, desto eher kann sich der Leser ein Bild vom anderen machen und prüfen, ob die Interessen und die Welle stimmen könnten. Jedes Wort kann hier Bedeutung haben und zum Signalwort für den Leser werden. Die Zuschriften werden auf diese Weise bereits deutlich kanalisiert, zumindest deutlicher als bei einer allgemein formulierten Anzeige, die in der Regel zwar mehr Resonanz hat, aber spätestens dann in den Briefen und Telefonaten zeigt, daß hier und da die Welle doch nicht stimmt.

Eine gewisse Beeinflussung des Lesers ist hierbei möglich, indem ein Inserent klare Vorstellungen über seinen Wunschpartner äußert, denn der Filter des Lesers registriert sehr genau, ob er den jeweiligen Vorstellungen und Erwartungen entspricht oder nicht. So wird er bereits im Vorfeld, und das heißt, schon beim Lesen der Anzeige spüren, ob sein Suchraster sich mit dem Suchraster des Inserenten deckt oder nicht. Anzeigen, die konkrete Vorstellungen über den Wunschpartner äußern, laufen daher Gefahr, nur wenige Zuschriften zu erhalten.

Neben diesen individuellen Informationen benötigt der Leser, und das haben die beiden Beispiele mit Daniel und Birgit gezeigt, aber vor allem Grundinformationen, die ihm eine erste schnelle Orientierung ermöglichen. Diese müssen in jeder Anzeige enthalten sein, damit sie Erfolg hat. In welche sprachliche Form man sie bringen kann, damit sie nicht trocken und immergleich erscheinen, dazu mehr auf den Seiten 77 bis 87. Hier zunächst die absolut notwendigen Punkte, die Sie berücksichtigen müssen, um Ihren Lesern unnötigen Aufwand und Ihnen falsche Zuschriften zu ersparen.

Was ein Inserat unbedingt enthalten muß

• Geben Sie Ihr Geschlecht an und vor allem: nennen Sie einen Hinweis darauf möglichst zu Beginn der Anzeige (Ausnahme: Eine Zeitung trennt von vornherein nach Rubriken wie »Frau sucht Mann«

oder »Mann sucht Frau«). Es gibt nichts Ärgerlicheres, als ein zündendes Inserat bis in die vierte oder fünfte Zeile zu verfolgen und erst dann zu erfahren, daß es von einem gleichgeschlechtlichen Inserenten stammt, oder im unklaren über das Geschlecht gelassen zu werden. Ein typisches Beispiel:

> Dich suche ich: Genußfähig, wirklich feinfühlig und rücksichtsvoll, aber auch kraftvoll und selbstbewußt, treu und konfliktfähig, nicht resigniert. Ich, 32, bin lebhaft, wissensdurstig, fröhlich, aber auch nachdenklich, für mein Alter sehr lebenserfahren und möchte zum gemeinsamen Nestbau einen lieben Partner finden.

Wie man sprachliche Variationen in die Angabe des Geschlechts bringt, zeigt das Kapitel »Baustein ›Geschlecht‹« auf Seite 63.

• Geben Sie Ihr Alter an, und ersparen Sie dem Leser damit unnötige Spekulationen. Viele Menschen fürchten ab einem gewissen Alter ausbleibende Zuschriften und verschleiern es mit Kürzeln wie »ca.«, »um die«, mit Zusätzen wie »Anfang«, »Mitte« oder »Ende« oder »Wendungen wie »Mitdreißiger«, »Frau in den Vierzigern« etc. Geradezu peinlich wirkt der entschuldigende Zusatz »jünger aussehend«. Wir raten, ganz offen zum Alter zu stehen und es exakt anzugeben, da die Wahrheit früher oder später sowieso herauskommt.

Die gängigste Altersangabe ist eine Ziffernkombination wie beispielsweise »34« oder »56«, die meist in Verbindung mit der jeweiligen Größe des Inserenten genannt wird, zum Beispiel »34/176«. Diese Art der Altersangabe ist schlicht, aber völlig ausreichend. Je nach Originalität oder Anspruch der Anzeige gibt es aber auch stilistische Spielereien wie »Baujahr 62«, »seit 6 Jahren 40«, »33, 7 graue Haare« oder »manchmal 32, meistens 18« u.ä.

Wer seinem Wunschpartner Altersgrenzen signalisieren will, kann das durch folgende Formulierungen tun: »er sollte um 45 sein«, »gesucht: +/- 45 J.«, »wo finde ich einen Partner im Alter 45/50« oder »Akademikerin, 45, sucht Partner, mindestens so alt wie ich«.

• Geben Sie Ihre Körpergröße an. Einige Menschen, vor allem kleinwüchsige Männer, machen die Größe ihres Partners zu einem wichtigen Auswahlkriterium. Die Angabe kann dabei durch eine schlichte Ziffernkombination geschehen (zum Beispiel »167«), die zumeist im direkten Anschluß an die Altersangabe erfolgt. Eine Formulierung wie »gut erhaltener 181er« bildet die Ausnahme.

• Machen Sie eine Wohnortangabe oder geben Sie eine Entfernungstoleranz an, vor allem, wenn Sie wirklich ortsgebunden sind. Insbesondere bei Annoncen in überregionalen Zeitungen müssen Sie dem Leser signalisieren, wo Sie wohnen und welche Entfernung Sie für ein erstes Treffen in Kauf nehmen würden.

In regionalen Zeitungen kann man annehmen, daß die Entfernungstoleranz ungefähr dem Verbreitungsgebiet der Zeitung entspricht, eine exakte Angabe wie beispielsweise das Kürzel des Autokennzeichens (BM, DU, F), »Dortmund«, »Raum 5« oder »Erftkreis« vermeidet aber auch hier Irrläufer.

• Nennen Sie Ihren Familienstand. Für viele Leser ist es wichtig zu wissen, ob ein Inserent ledig, geschieden oder verwitwet ist. Diese Angaben erklären stillschweigend gerade bei älteren Inserenten den Grund ihrer Annonce: Eine geschiedene Frau oder ein Witwer suchen zwangsläufig einen Neubeginn.

In der Regel kann man davon ausgehen, daß keine Nennungen des Familienstandes gleichbedeutend mit »ledig« sind. Wenn dies bei Ihnen der Fall ist, können Sie auf eine Nennung verzichten. Es gibt jedoch zahlreiche verheiratete Inserenten, die ihre Ehe verschweigen, um ein erotisches Abenteuer oder eine Nebenbeziehung anzusteuern. Hier kann man übel auflaufen oder vagen Versprechungen auf den Leim gehen (daß beispielsweise eine Ehe am Ende ist und sich eine Partnerschaft kurz vor der Scheidung befindet u.ä.), die am Ende trügen. Lassen Sie sich als Leser deshalb nur auf klare Verhältnisse ein und legen sie diese als Inserent offen und fair dar.

• Geben Sie Kinder an, die bei Ihnen leben. Viele geschiedene oder alleinstehende Inserenten fürchten, keine Zuschriften zu bekommen, wenn sie ihren Anhang besonders erwähnen. Es ist jedoch unfair, einen Leser zunächst durch Verschweigen von Kindern in eine Erwartungshaltung zu bringen, die sich später nicht erfüllt.

> Gesucht wird: Netter, zuverlässiger Partner für Frau, 33, und Papa-Ersatz für 7jähriges Kind in einer Person. Antwort auf Bildzuschriften garantiert.

> Adam mit Klein-Eva (8 Jahre) suchen Luft, Licht und Liebe. Gibt es Dich, »Groß-Eva« m. Kleinkind? Wir sind nicht ortsgebunden. Bitte m. Bild u. Telefon.

Daß Inserenten mit Kindern weniger Zuschriften erhalten, ist eine bedauerliche Tatsache. Sie aber später durch die Hintertür in eine Beziehung zu bringen, ist der falsche Weg, da sich ein Partner dann vielleicht weniger wegen der Kinder, sondern vor allem wegen der Unehrlichkeit des Gegenüber zurückzieht.

- Wenn Sie ein starker Raucher sind, aber nur dann, sollten Sie dies eigens erwähnen. Gibt es Leser, die Nikotin nicht ausstehen können, so sind sie von vorneherein gewarnt. Die Bemerkung »Nichtraucher« oder die Abkürzung »NR« haben sich hier als ausreichendes Signal erwiesen. Umgekehrt sollten Inserenten, die einen nikotinfreien Partner suchen, diesen Wunsch deutlich in die Annonce schreiben. Auch das »NT«, das für »Nichttrinker« steht und gelegentlich in einer Anzeige erscheint, ist sehr wörtlich zu nehmen.

- Brillen und Bärte sind Notwendigkeiten bzw. Geschmacksfragen, die im ein oder anderen Fall entscheidend für den ersten Eindruck sind. Um Leser, die auf solche Äußerlichkeiten fixiert sind, von vorneherein auszufiltern, kann man im Anzeigentext auf diese Besonderheiten eingehen. In der Regel gehören sie aber nicht in ein Inserat.

> Arno, der Bärtige, 50 Jahre, Privatier, flexibel, ohne Anhang, sucht Partnerin, gerne aus Bereich der Rechtstätigkeit. Hobbys: Ausgehen und weite Reisen.

Nette Dame, 60 J., 172 cm, modern, auch mit Brille nicht häßlich, sucht seriösen Partner bis 70 Jahre.

• Wenn Sie gravierende körperliche Behinderungen oder Krankheiten (Amputationen, Kinderlähmung, Blindheit o.ä.) haben, sollten Sie dies angeben. Natürlich schränkt das den Kreis der Interessenten ein, aber es nützt Ihnen wenig, mit der Wahrheit erst herauszurücken, wenn ein Leser nach Briefkontakt und Telefonat vor Ihnen sitzt und weder Sie noch er dann mit der Situation angemessen fertigwerden.

Behindert und begehrenswert! Falls Sie das nicht als Widerspruch empfinden, würde sich eine selbstbewußte, trotzdem verletzliche Frau, 31/171, studiert und mit Freude berufstätig, kulturell interessiert u. auf der Suche nach einem »mutigen« Mann, über Ihre Zuschrift aus Nordhessen und anderswo freuen.

Was Sie unbedingt vermeiden sollten

Abkürzungen

In vielen Kontaktanzeigen werden für die Begriffe, die immer wieder vorkommen und vom Leser ohne große Mühen verstanden werden können, Abkürzungen (»led.«, »gutauss.«, Bildzuschr.« u.ä.) verwendet. Sie führen zwar nicht zwangsläufig zu falschen Zuschriften und sind in dosiertem Maße durchaus sinnvoll – eine Häufung führt jedoch zu einem oft unverständlichen und holprigen Text, den ein Leser oft nicht zu entwirren bereit ist.

Deshalb raten wir, weitgehend auf Abkürzungen zu verzichten, auch wenn Sie die Kosten einer Anzeige dadurch erheblich reduzieren können.

Ein flüssig geschriebener, gut lesbarer Text erreicht seinen Adressaten einfach eher. Die folgenden Beispiele, die wir vor allem in Tageszeitungen gefunden haben, belegen das auf zum Teil kuriose Art (einige der verwendeten Abkürzungen haben wir trotz größter Anstrengungen übrigens nicht dechiffrieren können!):

E. Er, led., 78/175, sportl. Tanz. su., m., Fsch. fin. unabh. nette Sie.

Charakterst., toler. Er, 28/183/75, vorzeigb. u. int. Persk., su. attrakt., nette Sie bis 27.

Er, 55/185 molg. s. Sie molg. + volb. ab 18 J.

35j. Akad., vorzeigb., gut sit., m. Form. u. Niv., berufl. engag., gefühlsb., unkompl., sportl., unabh., aufgeschl., s. liebev., sensibl., tol., schl., attr., unkonv., zärtl., wohlgef., charm., sinnl. Traumfrau. Bildzus. (gar. zur.) (d. e. w. wero., d. S.). Chiffre: Traumfr./39201745

Die Anzeige eines »Pflegers aus dem Sauerland«, die wir in der »Westdeutschen Allgemeinen Zeitung« fanden, erschien uns dagegen so liebenswürdig, daß wir sie als große Ausnahme von der Regel und voller Respekt vor dem Wortwitz des Inserenten abdrucken:

Kranker Pfleger a. d. Sauerl. su. Schw. f. Intensivth. i. Herzensang. Pat.: Mitte 20 Bildzuschr. u. 15 ZE 72239

Zu den gängigsten, aber für Anfänger doch schwer aufzulösenden Abkürzungen der Inserentensprache gehören folgende Begriffe, die sich als Standardkürzel eingebürgert haben:

BZ = Bildzuschrift
i. R. = im Raum
k. Tr. = kein Trinker
NR = Nichtraucher
NT/NTR = Nichttrinker
Ww. = Witwer
Wwe. = Witwe

In Medien mit eindeutig sexueller Zielrichtung finden sich immer wieder Kürzel wie

Bond. = Bondage (Fesselspiele)
Erz.spiele = Erziehungsspiele
Flag. = Flagellation
GL = Gummi/Lederliebhaber
GS = Geschlechtsverkehr
GV = Geschlechtsverkehr
HH = High Heels
K.f.I. = keine finanziellen Interessen
M = Masochismus
NS = Natursekt (Urin)
O = masochistisch veranlagt, devot
S = Sadismus
SM = Sadomasochismus
PT = Partnertausch
TS = Transsexueller
TV = Transvestit

Überflüssige Wendungen

Neben den Abkürzungen sollten Sie vor allem überflüssige Wendungen wie »sucht auf diesem Wege« oder »Diskretion zugesichert« vermeiden. Aufforderungen wie »Schreib doch einfach mal – es lohnt sich«, »Nur Mut« oder »Versuch es mal!« sind in einem Inserat unpassend und wirken auf den Leser etwas linkisch. Ein »Bis bald, Dein(!?!) Wolfgang« empfinden wir als zu plump und direkt, und auch die etwas gespreizt wirkenden Sätze wie »Ich beantworte alle ernstgemeinten Zuschriften« oder »Habe keine finanziellen Interessen«, haben etwas Kleinkrämerisches und Übervorsichtiges an sich.

Ein Leser weiß in der Regel, worauf er sich bei der Beantwortung einer Kontaktanzeige einläßt. Er weiß auch (oder sollte es wissen!), daß es schwarze Schafe unter den Inserenten gibt, die einen Großteil der Briefe einfach unbeantwortet wegwerfen (auch solche mit Bild). Diskretion und Seriösität deswegen eigens herauszustellen, schafft nach unserer Erfahrung kaum zusätzliches Vertrauen, und vor allem: keine vermehrten Zuschriften!

Als besonders überflüssig empfinden wir Anzeigen, deren Verfasser einen Großteil der Zeilen damit füllen, sich für das Aufgeben ihrer Anzeige zu entschuldigen. Die Inserenten beginnen ihren Text in einem solchen Fall mit Sätzen wie »Habe ich es eigentlich nötig, Kontaktanzeigen aufzugeben? Wahrscheinlich nicht mehr, als jeder andere auf dieser Seite« oder »Warum inseriert eine Unternehmerin in dieser Rubrik, obwohl der Bekanntenkreis sich wundert, daß sie als attraktive Witwe im zu großen Haus alleine lebt?«

Zwei weitere Beispiele dieser Art:

> Wenn es für Sie bisher ebenso unvorstellbar war, auf eine Anzeige zu schreiben, wie für mich, eine solche aufzugeben, würde diese gemeinsame Inkonsequenz meine Schicksalsgläubigkeit bestätigen. Mann, 44 J., 167, ...

> Ha, ertappt! Du liest also Kontaktanzeigen, natürlich nur so ganz allgemein aus Neugier. Ich finde diese Art des Kennenlernens zwar auch ziemlich unnatürlich, trotzdem will ich es mal probieren. Bin 28 J. alt und habe keine Lust mehr auf Alleinsein. Wenn Du zuverlässig ...

Reportage 1

Das erste Treffen: Nicht immer Liebe auf den ersten Blick

Hallo Fremder! Ungebundene Frau, 28/175, möchte sich gern wieder von einem Mann fesseln lassen.

Von den 74 Zuschriften, die Ulla G., Verwaltungsangestellte in München, auf ihre Anzeige in einer Stadtillustrierten erhielt, sortierte sie zunächst einmal mehr als die Hälfte aus.

»Die Männer, die da schrieben, waren mir entweder zu alt oder ihre Briefe haben mich kaltgelassen«, berichtet sie. »Dann gab es noch ein paar, die ganz unverhüllt anboten, mich im wahrsten Sinn des Wortes zu fesseln, weil sie dachten, ich hätte mit dem Wort auf eine besondere Neigung angespielt. Dabei war Masoschismus das letzte, woran ich gedacht hatte, als ich den Anzeigentext machte.«

In die engere Wahl nahm Ulla schließlich 29 Männer, mit denen sie erst einmal telefonierte. Meist rief sie am frühen Abend an, sofern der Briefschreiber nicht eine spezielle Zeit genannt hatte, während der er auf einen Anruf wartete.

»Es war schon ein tolles Gefühl, am Abend so mit drei oder vier Männern hintereinander zu reden«, erzählt Ulla. »Ich bin automatisch dazu gekommen, die einzelnen Männer miteinander zu vergleichen: Wer hat die interessantere Stimme, wer redet die ganze Zeit nur von sich und wer fragt auch mich mal nach meinen Interessen? Ich hatte mir Routinefragen nach dem Aussehen und den Hobbys, Vorlieben und Abneigungen zurechtgelegt, auf die ich aber immer nur dann zurückgegriffen habe, wenn das Gespräch ins Stocken kam.«

Nur die Frage, ob er geschieden war, stellte Ulla jedem Kandidaten. »Das hatte ich mir fest vorgenommen«, erklärt sie. Und zwar nicht ohne Grund: »Ich habe früher einmal einen geschiedenen Mann gekannt, und da gab es dauernd Probleme mit der Ex-Frau, den Kindern und dem Unterhalt. Das wollte ich auf keinen Fall noch einmal durchmachen.« Deshalb sortierte Ulla alle Geschiedenen aus, egal wie nett und interessant die Telefongespräche mit ihnen auch waren. Sicher eine manchmal ungerechte und ganz subjektive Entscheidung. Aber Ulla G. steht dazu: »Man muß eben Prioritäten setzen!« sagt sie. »Ebenfalls gestrichen habe ich alle, die nur ein Bett-Abenteuer wollten. Die meisten haben das am Telefon ganz offen gesagt und waren noch nicht mal böse, wenn ich abgelehnt habe. Allerdings waren auch ein paar dabei, die fingen dann an, mich zu beschimpfen. Sicher ist es Zufall, aber alle Männer, die im Brief geschrieben hatten, daß sie nur zu bestimmten Zeiten unter einer bestimmten Telefonnummer zu erreichen seien, suchten irgendwelche Sex-Abenteuer, die sie vor ihren Ehefrauen oder Partnerinnen verheimlichen wollten.«

Auf ein Treffen ließ Ulla sich nur ein, wenn ihr die Stimme des Mannes gefiel und sie durch das Gespräch den Eindruck hatte, daß es sich lohnen könnte, diesen Menschen besser kennenzulernen. Einer von ihnen, und zwar der erste der 17 Männer, mit denen sich Ulla G. persönlich traf, war Norbert.

»Wir hatten uns in einem Café verabredet«, erinnert sich Ulla. »In seinem Brief hatte er schon geschrieben, daß er 34 war, allein lebte und Sachbearbeiter bei einer großen Versicherung sei. Interessant fand ich, daß er schrieb, er sei ein Fan von Country & Western-Musik. Ich mag die Musik auch und dachte mir: ruf ihn einfach einmal an. Wir redeten am Telefon über dies und jenes, und ich hatte schon den Eindruck, daß er echt daran interessiert war, eine Frau für eine feste Partnerschaft kennenzulernen. Das war für mich damals ziemlich wichtig, denn ich hatte die Nase voll von kurzen Beziehungen.

Am Telefon klang Norberts Stimme sehr souverän, er sprach langsam, schien sich alles genau überlegt zu haben. Insgesamt hatte ich den Eindruck, daß er ein ernsthafter, lieber Kerl war. Das gefiel mir, deshalb machten wir ein Treffen aus.

Da saß er dann also in dem Café, das ich als Treffpunkt vorgeschlagen hatte. Ich erkannte ihn sofort beim Reinkommen, noch bevor ich die Zeitung sah, die wir als Erkennungszeichen ausgemacht hatten. Und mein erster Gedanke war: Oh nein!

Mittelgroß sei er, hatte er am Telefon gesagt, Brillenträger und »ganz normal«, was immer das auch heißen mochte. Als ich ihn sah, begriff ich, was das wohl bedeutete: Er war einfach eine graue Maus. Überhaupt nicht der Typ, an den ich in einer Disco oder auf der Straße noch einen zweiten Blick verschwendet hätte. Am liebsten hätte ich sofort auf dem Absatz kehrtgemacht – aber da hatte er auch schon das Erkennungszeichen bei mir gesehen und winkte mir zu. Wohl oder übel mußte ich zu ihm an seinen Tisch.

Weil es ja mein erstes Treffen war, wußte ich eine Menge Sachen noch nicht, die ich im Lauf der Zeit und bei den anderen Verabredungen dann gelernt habe.

Zum Beispiel, wie man ein Gespräch mit ein wenig Small Talk anfängt, um dann auf die ernsteren Themen zu kommen. Oder wie man den anderen zum Reden bringt, ohne daß man selbst besonders viel über sich erzählt. All die kleinen Tricks, mit denen man ein nettes, unverbindliches Gespräch in Gang hält, um daraus entweder einen heißen Flirt oder eine freundliche Abfuhr zu machen.

Bei dem Treffen mit Norbert habe ich erst einmal herumgedruckst, weil ich irgendwie nicht den richtigen Anfang fand. Aber gerade so etwas wirkt sich schlecht auf die Stimmung aus, weil dem anderen dadurch sofort der Eindruck vermittelt wird, daß man nichts mit ihm anfangen kann.

Also gut, dann tröpfelte das Gespräch mit Norbert so langsam vor sich hin. Ich habe ihn gefragt, ob er das Café auch leicht gefunden habe. Wie es ihm denn hier so gefiele oder ob er lieber in eine Kneipe gehen würde und so weiter. Er war ziemlich einsilbig und schien es mitunter fast als Verhör zu empfinden, wenn ich etwas fragte.

Bei den anderen Treffen habe ich dann herausgefunden, daß das gute alte Thema »Wetter« wirklich in 99 Prozent der Fälle der beste Anfang für ein Gespräch ist – das ist absolut unverbindlich, man kann immer sagen, daß es irgendwie zu heiß oder zu kalt ist. Oder daß es wieder mal regnen sollte, oder daß der Regen jetzt mal aufhören könnte. Für einen zufälligen Zuhörer mag das absolut banal klingen, aber es bricht das Eis, und man kommt ganz einfach ins Reden.

Mit Norbert war es da etwas schwieriger, weil er doch am Anfang ziemlich wortkarg war, und ich auch nicht gleich mit der Tür ins Haus fallen wollte, indem ich ihm alles von mir erzählte.

Ich habe mich von einem Thema zum anderen gehangelt, und er hat mich mehr als einmal mit seinen kurzen Antworten regelrecht verhungern lassen. Ich war ungeheuer frustriert, weil das Gespräch so an der Oberfläche herumplätscherte, wo ich doch eigentlich das Gegenteil erwartet hatte. Später habe ich dann begriffen, daß das eine Erwartungshaltung ist, die durch die Vorbereitungen – die bewußte Suche nach einem Partner, die Anzeige, das Telefonat – entsteht.

Wenn man nach den ganzen Vorbereitungen endlich einen der Männer trifft, die auf die Anzeige geantwortet haben, hofft man, daß man sich mit ihm nun ganz toll versteht und irgendwie die große Liebe anfängt. So war das jedenfalls bei mir. Ich dachte, nach den ganzen Auswahlprozeduren würde ich mich mit den Männern auf alle Fälle besser verstehen als mit einer x-beliebigen Kneipenbekanntschaft. Nur leider war das nicht so – bei den 17 Treffen, die ich hatte, ist es mir nur dreimal passiert, daß ich vollkommen vergessen habe, unter welchen Voraussetzungen wir zusammengekommen waren. Bei den anderen war es genauso, als hätte ich sie auf irgendeiner Party kennengelernt – man findet einen Typen erst einmal interessant, wechselt ein paar Worte mit ihm und entdeckt, daß er eigentlich todlangweilig ist. Nur ist es bei einer Party so, daß man sich dann ohne weiteres verdrücken kann. Trifft man den gleichen Typen, weil er auf die Bekanntschaftsanzeige geantwortet hat, dann muß man die Sache eben aussitzen und sich über irgendwelche Banalitäten unterhalten, während man in Gedanken schon ganz woanders ist.

Bei Norbert habe ich außerdem gespürt, daß er nicht ganz offen war. Er versuchte, sich immer nur von der besten Seite zu zeigen und war überhaupt kein bißchen selbstkritisch. Und ich hatte – ehrlich gesagt – keine Lust, mich mehr als absolut nötig mit ihm zu beschäftigen, denn Norbert war noch nicht einmal der Typ von Mann, den ich mir als Kumpel vorstellen konnte. Sogar seine Liebe zu Country & Western-Musik, die mich ja so für ihn eingenommen hatten, entpuppte sich als kleinkariertes Sammeln von Schallplatten, die er, wie er mir stolz erzählte, mit einem selbstentwickelten Archivsystem in seinem Home-Computer erfaßt hatte. Johnny Cash kannte er vom Hörensagen. Aber er war noch kein einziges Mal bei einem Live-Konzert gewesen und konnte sich nicht vorstellen, einmal wegen der Musik Urlaub in den USA zu machen, wie ich es mir immer erträumt habe. Also auch auf diesem Gebiet: keine Übereinstimmung.

Nachdem wir uns also so ungefähr eine Stunde von einer Unverbindlichkeit zur anderen gehangelt hatten, war ich es leid und habe die Unterhaltung auf den entscheidenden Punkt gebracht: Was er sich denn von mir und unserem Treffen erwarte und warum er überhaupt auf meine Anzeige geschrieben habe.

Vorher hatte er durchblicken lassen, daß er auf der Suche nach einer Freundin sei, und mehr war jetzt auch nicht aus ihm herauszubringen. Ich hatte den Eindruck, daß er sich auch noch keine großen Gedanken über eine Partnerschaft gemacht hatte. Also habe ich ihn gefragt, was er denn von dem Gespräch hielte, das wir bis jetzt geführt hatten. Darauf fiel ihm erst einmal längere Zeit nichts ein. Dann meinte er, er würde es gut verstehen, wenn ich nichts weiter von ihm wissen wollte, denn er sei ja nun auch wirklich langweilig und schon daran gewöhnt, daß das ›andere Geschlecht‹ ihn ignoriere. Das hat er wirklich gesagt: ›das andere Geschlecht‹. Das war dann der Moment, an dem ich ganz genau wußte, daß ich Norbert zum ersten und zum letzten Mal gesehen hatte. Ich mußte ihm das nur noch irgendwie schonend beibringen.«

Nach dem Motto, daß man viele Frösche küssen muß, bis man endlich einen Prinzen findet, hat Ulla sich von dieser ersten Erfahrung nicht desillusionieren lassen und sich mit anderen Männern getroffen, die auch auf ihre Bekanntschaftsanzeige geantwortet hatten.

»Es geht nicht anders – man muß miteinander reden, um sich kennenzulernen«, sagt sie heute. »Und wenn man nicht jedesmal hofft, daß einem bei einem Treffen die große Liebe begegnet, dann nimmt man auch die Fehlschläge etwas leichter. Einmal hatte ich mich mit einem Typen verabredet, der wahnsinnig gut aussah. Aber sobald er den Mund aufmachte, fiel die ganze Illusion vom Traummann zusammen, weil er wirklich nur über sein Motorrad reden konnte. Mit anderen Männern, die ganz durchschnittlich aussahen, habe ich mich nach zehn, fünfzehn Minuten wirklich toll unterhalten können, weil sie Witz hatten und wir auf der gleichen Wellenlänge lagen.«

Aber zwischendurch gab es eben auch immer wieder Treffen wie das mit Norbert. Männer, mit denen Ulla nichts anfangen konnte, selbst wenn man im Gespräch ein paar Gemeinsamkeiten entdeckte. Dabei ist es ja nicht so, daß man den Menschen unsympathisch findet. Man interessiert sich nur nicht weiter für ihn. »Und das jemandem beizubringen, ohne ihn zu verletzen«, sagt Ulla, »ist manchmal ganz schön schwer.«

Wie zieht man sich also bei so einem Treffen am besten aus der Affäre? Die Situation gehört nach den Aussagen der überwiegenden Anzahl der Kontaktsuchenden, mit denen wir bei der Vorbereitung zu diesem Buch sprachen, zu den schwierigsten, mit denen sie konfrontiert wurden. Ein Patentrezept gibt es nicht, nur die Empfehlung, dabei mit soviel Taktgefühl wie möglich vorzugehen. Immerhin muß man jemandem sagen, daß man nichts weiter mit ihm zu tun haben möchte. Damit kratzt man ein durchschnittlich entwickeltes Selbstbewußtsein schon etwas an.

Ulla meint dazu: »Am einfachsten war es immer in den Fällen, in denen sowohl ich als auch der Mann ohne übertriebene Erwartungen zu dem Treffen gekommen sind. Da konnte ich ganz klar sagen: Sorry, du magst ja ganz nett sein, aber ich denke, es hat keinen Zweck, daß wir uns noch näher kennenlernen. Die Männer, mit denen man das so leicht abhandeln kann, sind meist die Kumpeltypen, die auch öfter auf Bekanntschaftsanzeigen antworten. Mit denen kann man sich dann noch ein bißchen unterhalten, während man seinen Kaffee austrinkt, und dann geht man ohne den Funken von einem schlechten Gewissen auseinander.«

In anderen Fällen allerdings gehört schon etwas Taktgefühl dazu, dem Gegenüber zu sagen, daß es kein zweites Treffen mehr geben wird. Ulla erzählt, wie sie Norbert klarmachte, daß sie ihn nicht wiedersehen wollte: »Ich habe ihm gesagt, daß er ein sehr interessanter Mensch sei, aber daß ich wohl gar nicht den Vorstellungen entsprechen würde, die er sich von einer Freundin machte. Er meinte dann, ja, den Eindruck habe er auch. Wenn man erst einmal soweit ist, hat man den schwersten Teil überstanden. Danach kommen meistens nur noch ein paar Minuten allgemeines Geplänkel, das man nicht weiter ernstnehmen muß.«

Man sagt dann eben, daß man sich die Sache durch den Kopf gehen lassen und sich noch einmal melden wird, wenn man es sich anders überlegt hat. Und natürlich immer wieder dieses: Wir können dann ja noch einmal telefonieren. Im Klartext: Es tut mir leid, aber das war's.

Ein kleines »Brainstorming« zu Beginn

Eine Kontaktanzeige ist eine Art Visitenkarte, die sich von allen anderen Anzeigen einer Zeitung dadurch unterscheidet, daß sie den ganzen Menschen in ihren Text einbringt. Wenige Wörter stehen hier für eine Person, deren Vita, Aussehen und Interessen in zwei, drei oder mehr Zeilen einer nach Millimeter bemessenen Spalte abgedruckt sind.

Die Angst, wichtige Informationen über sich selbst auszulassen, ist dabei groß, und die Unsicherheit, nicht den richtigen Ton oder nicht die richtige Ausgewogenheit gefunden zu haben, wird nie ganz verschwinden. In den seltensten Fällen wird jemand seine Anzeige vor der Veröffentlichung mit einem Freund oder einer Freundin durchsprechen, und auch dieses Feedback hilft nur begrenzt, da man nicht einschätzen kann, wie andere Leser auf das eigene Inserat reagieren. So gibt es Menschen, die die Qualität eines Inserats an den eingehenden Zuschriften messen und es entsprechend umarbeiten, wenn ihnen die Reaktionen zu gering erscheinen. Andere geben gleich zwei oder drei unterschiedliche Versionen einer Annonce auf und testen so die Wirkung ihres Textes. Wieder andere übernehmen Bausteine aus fremden Anzeigen, die ihnen gefallen haben, und ergänzen und kombinieren sie mit eigenen Daten.

Die Grundschwierigkeit, sich selbst so darzustellen, wie Sie glauben zu sein, wird damit aber nicht beseitigt. Vor allem werden Sie spätestens beim ersten Treffen an dem Bild, das Sie von sich selbst entworfen haben, gemessen. Und keine Inserentensünde ist größer, als dem möglichen Partner einen falschen Eindruck von sich zu geben und die aufgebauten Erwartungen zu enttäuschen.

Darüber hinaus genügt es nicht, in einer Kontaktanzeige nur über sich selbst zu schreiben. Damit der Leser entscheiden kann, ob es Übereinstimmungen gibt und die Welle vielleicht stimmen könnte, müssen Sie auch Informationen über die Form des möglichen Zusammenlebens oder über die Ansprüche an den Partner preisgeben. Und auch dies ist kein einfaches Unterfangen.

Ein guter Weg, um klare Vorstellungen über sich selbst, den Wunschpartner und die angestrebte Beziehung zu bekommen, ist ein spontanes, noch gar nicht auf Veröffentlichung gerichtetes Aufschreiben von Eigenschaften, Wünschen, Zielen oder Assoziationen, die später in den Inserattext einfließen sollen. Ein Brainstorming, das sich über zwei oder drei Blatt Papier erstrecken kann und dem Inserenten als erste Grundlage dient. Hier können Sie im zweiten und dritten Durchgang Ergänzungen einbringen, können die eine oder andere Eigenschaft plastischer schildern oder schon einen Halbsatz für das spätere Inserat notieren, falls er Ihnen plötzlich einfällt. Wenn Sie so vorgehen, stehen Sie noch nicht unter dem Zwang, endgültig und »sauber« zu formulieren, sind deshalb freier und vielleicht auch kreativer beim Aufschreiben.

Wir empfehlen Ihnen jedoch, vor Beginn des Brainstormings ganz formale Oberbegriffe wie Geschlecht, Alter, Entfernungstoleranz, Selbstdarstellung, Wunschpartner oder Art der Bindung als strukturierende Hilfe aufs Papier zu bringen, um ein grobes Gerüst zu haben, das dann immer mehr und immer detaillierter mit Fleisch gefüllt werden kann.

Wie ein solches Gerüst und die ersten zu Papier gebrachten Charakterisierungen aussehen könnten, zeigt das folgende Beispiel von Carmen S. aus Bremen.

Carmen S., 35, Grundschullehrerin

Grundinformationen
Geschlecht: w
Alter: 35
Körpergröße: 178
Wohnort: Bremen
Entfernungstoleranz: 50 Kilometer (Oldenburg, Wilhelmshaven, Bremerhaven)
Familienstand: ledig
Beruf: Grundschullehrerin
Kinder: –
Sonstiges: Eigentumswohnung, Ford Escort-Cabrio, 1 Katze

Selbstdarstellung

Äußeres: 63 kg, schlank, Gesicht markant, Kinn etwas kantig – Typ Ulrike Meyfarth. Frisur wie Sharon Stone. Rothaarig! Schmale Lippen, braune Augen. Figur: Kurvig, aber nicht atemberaubend. Modisch in der Mitte. Schicke Sachen, aber nichts Aufregendes. Elegant, aber nicht extravagant. Mag Parfüm von Jil Sander/Armani. Natürliche Ausstrahlung. Hübsch, lieb, Kindfrau? Sexy? Sinnlich!

Charakter: Ehrlich, steht zu ihrem Wort, treu. Kann zuhören, Leute sehr lange beobachten (Zwilling!). Muß mit Fremden erst warm werden. Mag Karriere in Maßen, festes Einkommen, gesicherten Beruf. Freizeit vor Arbeit. Familie vor Beruf. Ruhig. Zurückhaltend. Kein Entertainer. Partyscheu. In Gesellschaft eher unsicher. Kein Szenetyp. Eher häuslich und auf eigene vier Wände fixiert.

Hobbys: Pflanzen züchten (Biologielehrerin!). Traum von einem großen Gewächshaus. (Landleben irgendwann). Musik hören (Pop/Klassik). Canon EOS Autofocus (alte, gemütliche Hinterhöfe), Literatur. Sport? – lang ist's her!

Was ich mag: Sommerferien und Strandhotels. Alte Städte mit historischen Stadtkernen: Tübingen, Marburg, Lübeck, Paris. Belgien. Cafés (vor allem das »Coupole«) und Stadtparks. Bücher von Peter Handke, Botho Strauß, Elfriede Jelinek. Liest »Stern«, »Tempo« und »Cosmopolitan«. Musik der sechziger Jahre (Beach Boys, Four Seasons, Jefferson Airplane, Kinks). Klassik von Chopin und Mahler. Mein Klavier.

Negative Eigenschaften: gebremster Ehrgeiz, etwas selbstzufrieden. Schlafe gern lang. Eher nüchtern, sachlich, funktional. Kann nicht ausflippen, mich nicht gehen lassen. Zu still??

Wunschpartner

35 bis 40. Kein Macho, Typ »junggebliebener Student«. Akademiker. Gut dotierter Job, sichere Position. Viel Freizeit. Lehrer? Kein Karrieretyp! Charakter. Sich mögen, liebhaben, schmusen, Abende gemeinsam verbringen – zu Hause (Candlelight, Federweiße!) oder Outdoor (Cafés, Biergärten, Theaterbesuche). Waldspaziergänge, Skihütten, per Cabrio durch Schleswig-Holstein. Kein Sexist (keine

Reizwäsche; kein erotischer Schweinkram), aber körperlich gut drauf. Nicht aufeinander kleben, sich gegenseitig Freiheiten lassen. Auch mal allein weggehen dürfen, auch mal zu zweit allein sein. Gemeinsame Ziele von Haus, Familie, mittelmäßigem Luxus.

Art der Bindung: Zunächst ein sehr enges Miteinander: Aufwachen, Alltag, Urlaub, Freunde – gemeinsam erleben. Testen, ob das Feuer hält. Die Seelen erforschen, sich ganz nahe kommen. Fernziel: Ehe mit ein oder zwei Kindern.

Bildzuschriften: mit Bild! Nicht fett, keine Glatze. Grau meliert ganz angenehm.

Als erster Entwurf gibt das Datengerüst von Carmen ein recht plastisches Bild von ihrem Wesen und ihren Vorstellungen. Die einzelnen Notizen sind sehr ehrlich, weil sie zu diesem Zeitpunkt noch für keinen zweiten Leser bestimmt sind, und gehen in mancherlei Hinsicht in eine angenehme Tiefe, wirken sehr detailliert. Daß dabei Dinge aufgelistet wurden, die später in einem Inserat nicht auftauchen werden (zum Beispiel die exakten Parfümnamen oder der Hinweis auf die Schauspielerin Sharon Stone) versteht sich. Auch dürften die negativen Eigenschaften (gebremster Ehrgeiz, zu still etc.) in dieser Form kaum in einem Inserat Platz finden. Die meisten der genannten Eigenschaften werden wegfallen und schlicht untergehen – aus Platzgründen und auch wegen der Kosten, die eine lange, ausführliche Anzeige verursacht. Als Basi, auf die man beim Formulieren immer wieder zurückkommen kann, und als ein erster Schritt zur sprachlichen Gestaltung bildet das Datengerüst aber eine solide Grundlage, auf der sich aufbauen läßt. Außerdem ist es angenehmer, aus einem übervollen Garten die Blumen zu pflücken als den Strauß erst zu säen.

Die eigentliche Textarbeit und das Entwerfen von Anzeigenfassungen kann und will das Brainstorming nicht ersetzen. Zum einen wird ein Inserent später sowieso wesentlich allgemeiner formulieren und für viele Eigenschaften übergeordnete Begriffe wählen, zum anderen werden beim zweiten und dritten Durchlesen der Daten viele Notizen wieder gestrichen oder sinken in ihrem Stellenwert und werden nur noch auf ein einziges (zündendes) Adjektiv reduziert. Hier und da wird eine geschickte Kombination von Eigenschaften für mehr sprachlichen Schwung sorgen (zum Beispiel »rothaarige Lehrerin«), wird es glattere, flüssigere Formulierungen geben oder spontane Textergänzungen.

Wie die Endfassung des Inserats auf der Grundlage des beschriebenen Datengerüsts aussehen könnte, zeigen folgende Beispiele:

> Raum Bremen. Lehrerin, 35/178, mit Traum von großem Gewächshaus, möchte sich in gestandenen Mann (Akademiker bis 40) verlieben, der sich eine sensible und natürliche Frau wünscht. Vielleicht schon für die nächsten Sommerferien? Bildzuschriften unter ...

> Hoch im Norden sucht feminine Lehrerin, 35/178, einen sensiblen, studierten Mann bis 40, mit dem sie ihr Klavier, ihre Vorliebe für historische Städte und Schleswig-Holstein teilen kann. Träume von langen Spaziergängen, langen Gesprächen und von einer Beziehung, die nicht erdrückt. Bildzuschriften unter ...

> Rothaarige Lehrerin, 35/178, in vielen Dingen in der Mitte, mag ihre Canon EOS, das Café Coupole in Paris, Botanische Gärten und Chopin. Welcher studierte Mann bis 40 möchte mit mir den Alltag und die Sonntage teilen? Bild und Brief aus Bremen (+/- 50 km) wären schön.

Lexikon der Anzeigensprache

Wenn Sie mit Hilfe des Brainstorming zu hinreichenden Aussagen über sich, Ihre Ziele und Ihren möglichen Partner gekommen sind, haben Sie einen ersten wichtigen Schritt in Richtung Inserat getan. Die eigentliche Textarbeit beginnt aber in einem zweiten Schritt, der die Eigenschaften und Wünsche geschliffen und in einer sprachlich angemessenen Form präsentiert.

Wir haben für die wichtigsten Bausteine des Inserats – Geschlecht, Eigenschaften (Äußerlichkeiten, Wesen, Erfahrung), Art der Bindung, Bildzuschriften – ein Lexikon erstellt, das anzeigentypische und ausgefallene Wörter und Wendungen vereint. Wir verstehen diese Sammlung (die das Resultat einer Analyse von mehr als 15 000 Inseraten ist) als Quelle der Inspiration, die Sie beim Entwerfen oder bei der Korrektur von Anzeigentexten nutzen können. Widerstehen Sie jedoch der Versuchung, das Lexikon als willkommenes Werkzeug zu sehen, um Ihren Text geschickt aufzupeppen und sich und Ihre Zeilen interessanter zu machen als Sie sind. Man kann mit Sprache wunderbar spielen und basteln und dabei rasante, dynamische, erotische oder sonstwelche Bilder von sich produzieren. Wenn diese aber beim ersten Treffen ihre Farbe verlieren und Ihr Wesen sich nicht mit dem Eindruck deckt, den Ihre Anzeige hinterlassen hat, nützt das wenig.

Baustein »Geschlecht«

Die Nennung des Geschlechts gehört zu den Grundinformationen einer Kontaktanzeige (siehe auch Seite 44f). Seine Erwähnung ist vor allem dann bindend, wenn eine Zeitung nicht klar nach weiblichen und männlichen Inserenten unterscheidet, was oft in Lokalausgaben der Fall ist oder – selbst bei größeren Zeitungen – in gemischten Rubriken wie »Bekanntschaften«, »Wiedersehen« oder »Freundschaft«.

Die gängigste Art, das eigene Geschlecht zu beschreiben, ist die Abkürzung »w« oder »m«, wonach meist die Alters- und Größenangabe (zum Beispiel »m/45/178«) folgt. Wir halten diese Form aber für sehr konventionell und überholt, ebenso wie das stereotype »Sie« oder »Er«, das in zahlreichen Annoncen zu finden ist. Auch »Frau« bzw. »Mann« ist nicht sonderlich originell, es sei denn, man kombiniert die Wörter geschickt (wie beispielsweise »Mann mit Charisma«, »Powerfrau«, Skorpionfrau) oder umschreibt das Geschlecht durch Wörter wie »Asiatin«, »Wave-Lady«, »einsamer Wolf« u.ä.

Vielfach schaffen Inserenten sprachliche Variationen durch Koppelung von Wohnort oder Region mit dem Geschlecht (»Münchner«, »Kölsche Jung«, »netter Ostfriese«), durch Verquickung von Geschlecht und Beruf (»netter, aufgeschlossener Student«, »30jähriger Polizist«, »Sekretärin«, »Akademiker«, »Geschäftsmann«, »junger Unternehmer«) oder durch Tiermetaphern wie »Kater«, »Bücherwurm«, »kesse Biene«, »mollige Maus« u.ä. Relativ unverbraucht ist auch die Nennung des Vornamens (»Biggy, 27 J.«), obwohl dies ein beliebtes Stilmittel von Kontaktanzeigen ist, die von Eheinstituten aufgegeben werden.

Im folgenden haben wir – natürlich nach Geschlecht getrennt – einige Beispiele aufgeführt, die das Spektrum des Möglichen aufzeigen:

Beispiele für sie

Anti-Anzeigenfrau
Cabriofahrerin
Cellistin
Discomaus
freaky Lady
Idealistin
junge Mutter
kleine Lady
Langschläferin
Pretty Woman
Raucherin
Rubensfrau
Traumfrau
Venus in blue Jeans
Wahnsinns-Frau
weibliche kölsche Tasse
Wetterhexe
Witwe

Beispiele für ihn

Beelzebub
blonder Kosmopolit
dominanter Mephisto
Frührentner
Gentleman
Großstadtgarfield

hypersensibler Fisch
Irlandliebhaber
knackiger Jung-Opa
Kochkünstler
Löwe
Luftschloßarchitekt
Mann mit Dampf
Melittamann
netter Waage-Typ
Romantiker
Traumprinz
unfreiwilliger Single
Weltenbummler
Witwer

Baustein »Eigenschaften«

Der Baustein, der sich mit den Eigenschaften eines Menschen befaßt, ist die wichtigste Komponente einer Kontaktanzeige. Je gelungener Ihr Inserat darüber Auskunft gibt, wer Sie sind und was Sie wollen, desto größer wird der Erfolg (und die Zahl der Zuschriften) sein.

Problematisch ist hierbei jedoch, daß Sie Ihr eigenes Selbstbild, das sehr bunt, lebendig und vielfältig sein kann, in eine sprachliche Form pressen müssen, die am Ende doch stark reduziert und allgemein wirkt. So wird beispielsweise ein modewußter Mann, der seine Krawatten und Hemden akribisch auf Muster und Farben seines halben Dutzend Saccos abzustimmen vermag, der sich mit Eau de Toilettes von Jil Sander, Joop oder Rochas auskennt und zwischen den neuen Akkurasierern von Panasonic oder Braun hin- und hergerissen ist, in der Regel kaum mehr schreiben, als daß er ein »Ästhet«, »gutaussehend«, »elegant« und »modewußt« ist. Und auch eine Frau, die mit Leidenschaft Galerien und Museen besucht, die für Roy Lichtenstein schwärmt, für Allen Jones und Claes Oldenburg, die keine »documenta« ausläßt und regelmäßig die Basler Kunstmesse besucht, wird nicht umhinkommen, ihr besonderes Faible auf ein schlichtes »kulturinteressiert« oder »kunstbegeistert« zu verkürzen. (Zumindest nicht in der Regel; Ausnahmen auf Seite 84ff.)

Eine Kontaktanzeige ist kein Brief, kein Tagebuch und keine Kurzprosa. Ein Inserat ist eine Textform, die ihre Aussagen auf einem knapp bemessenen (und teuren) Raum macht. Diese relative Gedrängtheit, die zwischen 2, 3 oder 6 Zeilen herrscht, hat sich über Jahrzehnte so eingespielt und wird vom Leser immer wieder übernommen. Schreiben Sie gegen diese Erwartungshaltung an und produzieren 15- oder 20-Zeiler, fällt das im Umfeld der übrigen Anzeigen zwar auf, wird aber in der Regel negativ bewertet und als »schwafelig« oder »Vielrednerei« bezeichnet. Als obere akzeptable Grenze scheinen 10 bis 12 Zeilen zu gelten.

Die fast 300 Eigenschaften, die im folgenden genannt werden, sollen Ihnen als eine erste Quelle dienen, in der Sie neugierig oder auch kritisch stöbern können, um für sich und Ihren Wunschpartner ein paar zutreffende Ausdrücke zu finden. Daß die Auswahl nicht vollständig ist, versteht sich. Die genannten Eigenschaften sollen lediglich den Rahmen vorgeben, der möglich ist, und Ihnen als Formulierungshilfe dienen, mit der Sie entweder Ihr persönliches Datenblatt ergänzen oder für einen ersten Anzeigenentwurf experimentieren können (einige beispielhafte Wendungen, die wir als Zitate gekennzeichnet haben, sind deshalb mit in das Lexikon eingeflossen). Wie ein solches Bündel von Eigenschaften letztlich in eine Anzeige eingebaut wird – oder wie man es geschickt kombinieren und ergänzen kann, damit ein Inserat rund und ansprechend wird –, zeigt das Kapitel »Das aussagekräftige Inserat«, Seite 77ff.

Äußerlichkeiten

Ein Großteil der Inserenten und Leser ist an der Angabe von Äußerlichkeiten wie Figur, Haar- und Augenfarbe oder an Angaben wie »hübsch« oder »gutaussehend« interessiert und räumt ihnen einen beachtlichen Stellenwert bei der Partnerwahl ein.

Ein Inserent, der Wert auf die Beschreibung seines eigenen Aussehens legt, sollte dies jedoch verhalten tun und zu einer vernünftigen Selbsteinschätzung kommen, wobei ein leichtes Understatement (oft durch Wendungen wie »nicht unhübsch« oder »noch ganz ansehnlich«) sympathischer wirkt als ein Klimpern mit allen erdenklichen verbalen Registern.

Hier einige Beispiele:

adrett
ansehnlich
ansprechende Erscheinung
attraktiv
aufregend
bärtig
bildhübsch
blaue Augen
blond
brünett
chic
dunkelhaarig

elegant
etwas sportlich
feingliedrig
feminin
gepflegt
grauköpfig
graumeliert
grazil
groß
gutaussehend
hübsch
jung
klein
korpulent
kräftig
langbeinig
lange schwarze Haare
langhaarig
mädchenhaft
mit sehr großer Oberweite
mollig
nicht häßlich
noch gut beweglich
pummelig
rassig
schlank
sportlich
stabil
strohblond
vollbusig
vollschlank
vorzeigbar
wohlproportioniert
zart
zierlich
»ein hübscher Kopf auf langen, schlanken Beinen«
»ein Mittelding zwischen wunderschön und kreuzhäßlich«
»mit graumelierten Schläfen«
»mit knackigem Po«
»mit Lachfältchen«

Wesen

Die folgenden Stichwörter nennen typische Charaktereigenschaften wie »aufrichtig«, »introvertiert« u.ä., aber auch Eigenschaften, die die Ausstrahlung eines Menschen umschreiben (zum Beispiel »ladylike« oder »unkapriziös«), seine Erotik (»anschmiegsam«, »verschmust«, »sexy«) oder seine sozialen Befindlichkeiten (zum Beispiel »gesellig« oder »scheu«).

aktiv
anhänglich
anpassungsfähig
anschmiegsam
apart
Ästhet
aufgeschlossen
aufgeweckt
aufrecht
aufrichtig
ausgeglichen
begeisterungsfähig
besinnlich
bewußt lebend

beziehungsfähig
charakterfest
charmant
christlich
clever
dickköpfig
dynamisch
ehrlich
eigenwillig
einfühlsam
emanzipiert
empfindsam
Energiebündel
erfolgreich
ernst
erwachsen
extravagant
fair
feinsinnig
feurig
flexibel
flott
fröhlich
Frohnatur
gebildet
gefühlsstark
gefühlvoll
geheimnisvoll
geistreich
gelassen
genußsüchtig
gescheit
gesellig
gestanden
gewandt
glücklich
großzügig
gütig
harmonisch
häuslich
heiter
humorvoll
ideenreich
impulsiv
introvertiert
Jeanstyp
junggeblieben
kameradschaftlich
kinderlieb
klug
kreativ
kultiviert
kuschelig
ladylike
lebensbejahend
lebensfroh
lebenshungrig
lebhaft
leidenschaftlich
leiderfahren
lieb
liebenswürdige Erscheinung
liebevoll
locker-charmant
mit Format
modern
musisch interessiert
mutig
nachdenklich
naturverbunden
nett
nicht langweilig
niveauvoll
offen
offenes Wesen
optimistisch
originell
Paschanatur

patent
phantasievoll
positiv denkend
praktisch veranlagt
rational
reif
reisewütig
romantisch
rücksichtsvoll
ruhig
scheu
schüchtern
selbstbewußt
sensibel
sexy
sinnlich
solide
souverän
spontan
sportlich
stark
sympathisch
taktvoll
temperamentvoll
tierlieb
tolerant
treu
umgänglich
unkapriziös
unkompliziert
unkonventionell
Unternehmungsgeist
verantwortungsbewußt
verletzlich
verschmust
verständnisvoll
verträumt
vielseitig interessiert
vital
warmherzig
weiblich
wild
zärtlich
zurückhaltend
zuverlässig
zuvorkommend
»etwas dem Luxus zugetan«
»etwas Snob, Gauner, Träumer und Abenteurer«
»in keine Schublade passend«
»kein Stubenhocker«
»mag das Wasser, Wind und Wellen«
»mehr kafkaesk als ramboid«
»mit beiden Beinen fest im Leben«
»mit breiten Interessen«
»mit Esprit und Charisma«
»mit Flausen und Rosinen im Kopf«
»mit Grips und Straps«
»mit Herz und Verstand«
»mit Lust am Leben«
»mit optimistischer Grundstimmung«
»mit Pep und Gefühl«
»mit positiver Lebenseinstellung«
»mit sensibler Haut und Seele«
»mit Sinn für Ästhetik«
»mit Sinn für Romantik«
»mit Spaß an dolce vita«
»mit Tiefgang«
»mit Tiefgang und Gefühl«
»mit viel Schönheitssinn«
»mit wachen Augen und lachendem Mund«
»nicht immer stark«

»ohne Allüren«
»patent und gescheit«
»total ausgeflippt«
»von der flotten Sorte«
»von herzlichem und sonnigem Wesen«
»ziemlich in Ordnung«
»zum Genuß fähig«

Erfahrung

Die Eigenschaften dieses Kapitels listen im wesentlichen Wörter und Wendungen aus den Bereichen Bildung und Beruf auf (»promoviert«, »weltoffen«, »in leitender Funktion« u.ä.) sowie Eigenschaften, die das Vermögen und den gesellschaftlichen Status umschreiben (»wohlhabend«, »aus gutem Hause« u.ä.). Darüber hinaus sind Eigenschaften erwähnt, die eine vergangene oder zukünftige partnerschaftliche Beziehung berühren, außerdem solche, die Lebensweise oder Interessen betreffen.

alkoholfrei
alleinerziehend
alleinstehend
anglophil
beziehungsfähig
bindungsfähig
einsam
erfolgreich
finanziell unabhängig
frankophil
freiberuflich
geschieden
gesicherte Position
getrennt lebend
gut situiert
konfliktfähig
krisengereift
kulturinteressiert
lebensklug
ledig
mit Bildung
Nichttrinker
ortsgebunden
parkettsicher
pensioniert
politisch interessiert
promoviert
selbständig
sprachbewandert
studiert
umweltbewußt
unabhängig
ungebunden
vermögend
weitgereist
welterfahren
weltoffen
wohlhabend
»aus gutem Hause«
»aus gutem Stall«
»des Alleinseins müde«
»gesund an Leib und Seele«
»in kreativem Beruf«
»in leitender Funktion«

»in tadellosen Verhältnissen lebend«
»links und locker«
»musisch und kulturell gebildet«
»mit Interesse für Literatur, Sprachen und Musik«
»mit Schwäche für Bücher«
»ohne blauen Dunst«

Baustein »Art der Bindung«

Die Beschreibung der angestrebten Beziehung ist eines der wichtigsen Auswahlkriterien für den Leser eines Inserats. Er will einen Ehewunsch deutlich von einer Bekanntschaftsanzeige unterscheiden können und ebenso eine angestrebte lockere Bindung von einer ernsthaften. Formulieren Sie den Zweck Ihrer Beziehung allgemein und offen (»für gemeinsame Unternehmungen«, »für eine tolle Freundschaft« u.ä.) so erhalten Sie mehr Zuschriften als wenn Sie Ihren Wunschpartner bereits in eine konkrete Form des Zusammenlebens (»Dauerfreundschaft«, »Partnerschaft«, »Ehe«) einbinden.

Viele Inserenten vermeiden deshalb Umschreibungen einer bestimmten Beziehung und erfinden Bilder von einem Miteinander, die Facetten des erhofften und gewünschten gemeinsamen Leben beschreiben: »für Herbstspaziergänge und Sonnentage«, »zum Reden, Lachen und Schweigen« u.ä.

Angestrebte Bindung

Die folgenden Wendungen sind eher konventionelle Formulierungsbeispiele, um die Art der gewünschten Beziehung anzugeben. Berücksichtigt wurden dabei auch Inserate, die auf »gelegentliche Treffs« abzielen.

für dauerhafte, kreative Lebensgemeinschaft
für den Lebensabend
für ein aufrichtiges Miteinander
für eine entspannte und problemlose Affäre
für eine feste Partnerschaft
für eine erlebnisreiche Beziehung
für ein gemeinsames Leben
für eine gleichberechtigte Partnerschaft
für eine harmonische Partnerschaft

für eine ideale Beziehung
für ein Leben lang
für eine lebenslange Partnerschaft (Ehe?)
für eine lockere Dauerfreundschaft
für eine lustvolle Beziehung
für eine seriöse Beziehung mit Zukunft
für eine tolle Freundschaft
für eine wertvolle Beziehung
für einen zweiten Lebensweg
für erotische Abwechslung
für gelegentliche, leidenschaftlich schöne Stunden
für gemeinsame Aktivitäten
für gelegentliche, zärtliche Treffs
für gemeinsame Freizeitgestaltung
für gemeinsamen Nestbau
für gemeinsame Unternehmungen
für immer
für mögliche Annäherung
für neuen, liebevollen Anfang
um als Paar zu leben
zum Aufbau einer ernsthaften Beziehung
zum Verlieben
zwecks Familiengründung
zwecks späterer Heirat

Vorstellungen vom Leben

Die folgenden Beispiele geben auf unkonventionelle Art die Vorstellung des gewünschten Miteinanders wieder. Sie sind in der Regel sehr anschaulich und konkret gehalten, oft auch auf einen bestimmten Erscheinungstermin (Frühling, Urlaubszeit u.m.) abgestimmt.

für das Abenteuer Leben
für den Austausch von Wärme und Geborgenheit
für den Beginn unseres Wahnsinns
für den Ritt durchs Leben
für Dinge, die zu zweit mehr Spaß machen
für eine gleichberechtigte Liebe
für ein Leben mit wacher Dynamik und sensibel-romantischen Momenten
für Frühlingsspaziergänge und mehr
für ein Leben zwischen intensiver Nähe und räumlicher Distanz
für ein neues Glück
für Freizeit und Reisen
für himmlisch schöne Stunden
für Nachtleben und gemeinsame Aktionen
für schöne Tage und lange Nächte
für Sommer- und Regentage
für zarte Geheimniskrämerei, spannende Action und furchtlose Stunts

für Skiurlaub im Hochgebirge
um Höhen und Tiefen, Stärken und Schwächen, Träume und Vertrauen zu teilen
zum Aufbau einer kleinen, heilen Welt
zum Reden, Lachen und zum Schweigen

Variationen

Um die Art der Bindung ohne das recht abgegriffene »für ...« oder »zwecks ...« einzuleiten, können Sie sprachlich etwas variieren und Ihre Wunschvorstellungen direkt an den Partner adressieren. Einige Beispiele dafür:

Partner, der gemeinsam das »wir« finden möchte
Partner, der in der Lage ist, unsere Familie komplett zu machen
Partner, der keine Angst vor einer intensiven Beziehung hat

Baustein »Bildzuschriften«

Der Wunsch nach Bildzuschriften ist in Kontaktanzeigen weit verbreitet. Ein Inserent will sich dabei nicht nur versichern, ob die Welle auf geistig-seelischer Ebene stimmen könnte, er will sich auch ein Bild vom Äußeren seines möglichen Partners machen. Und das recht früh und zeitgleich mit Eintreffen des Antwortschreibens auf eine Annonce. Dieser Wunsch kann noch so vehement in Frage gestellt und diskutiert werden – legitim ist er allemal. Er trifft eben leider in der Regel nur solche Menschen, deren Äußeres durchschnittlich oder nicht unbedingt vorteilhaft ist. Sie werden dann im Kontext der übrigen Antwortschreiben und eingesandten Fotos gegen besser Aussehende aussortiert und haben kaum Chancen, für ein erstes Treffen berücksichtigt zu werden. Diese harte Tatsache gehört aber zu den Spielregeln des Kontaktanzeigenmarktes – und gilt auch außerhalb der Zeitungen, denn wo der erste optische Eindruck nicht stimmt, wird auch kaum ein Kontakt zustande kommen, der in eine partnerschaftliche Beziehung mündet.

Als Leser sollten Sie deshalb ein Inserat genau lesen und die feinen Nuancen im Text beachten. Ein Satz wie »Zuschriften, gerne mit Bild, an ...« oder »Bild keine Bedingung« läßt gewisse Freiheiten. Wer aber auf den Wunsch »Nur Bildzuschriften erbeten!« nicht oder mit Ausflüchten reagiert, schreibt seinen Brief umsonst.

Umgekehrt haben Sie natürlich auch als Inserent Ihre Probleme, denn Sie stehen in einem großen Konkurrenzfeld, in dem Sie sich anonym anbieten und – man verzeihe die Formulierung – anpreisen müssen. Dieses Anpreisen verträgt sich aber nicht gut mit Forderungen, zu denen eben die Bildzuschrift gehört. Viele Inserenten formulieren deshalb zaghaft und abschwächend, wie »Bildchen wäre nett« oder »Ein Bild von Dir sagt mehr als 1000 Worte«.

Um den Leser zusätzlich zu motivieren und ihm andererseits seine Vorbehalte zu nehmen, daß sein Bild im Falle einer Ablehnung nicht zurückgeschickt wird, kommentieren einige Inserenten ihren Bildwunsch mit Bemerkungen wie »garantiert zurück« oder »100% retour«. Dies mag beim Leser zusätzliches Vertrauen schaffen. Wir halten derlei Formulierungen jedoch für überflüssig.

Im folgenden eine Auswahl von Formulierungen für Bildwünsche:

Alle Bildzuschriften werden gern gelesen
Antwort bitte mit Bild
Bild? 100% retour
Bildleihgabe?
Bildzuschrift (garantiert zurück)
Bildzuschrift unter Chiffre ...
Brief mit Portrait (Kinderfoto?) wäre schön
Erbitte Foto (zurück)
Foto?
Ein Bild und/oder eine Haarsträhne von Dir würde mich freuen
Foto wäre nett
Foto – find ich gut
Jede aussagekräftige Bildzuschrift wird beantwortet
Melde Dich mal mit Foto
Mit Bild ist es einfacher
Mit Bild wäre toll
Zuschriften mit Ansicht an ...

Inserenten mit Kindern

Wenn Sie als Alleinerziehender eine Kontaktanzeige aufgeben, stehen Sie vor dem Problem, den Leser nicht nur über sich, sondern auch über Ihr Kind (oder Ihre Kinder) informieren zu müssen. Es genügt dabei ein kurzer Hinweis auf die Zahl, das Alter und das Geschlecht, oft auch eine Wendung wie »mit kleinem Anhang« oder »mit zwei kleinen Kindern«. Wichtig ist nur, daß Sie den Leser nicht im unklaren darüber lassen, daß Sie nicht nur für sich allein, sondern auch für ein oder mehrere Kinder sorgen. Sie sollten diese Informationen an den Anfang des Inserats stellen, um sogleich klare Verhältnisse zu schaffen. Dies kann durch einen einleitenden Satz geschehen (»Können Sie sich vorstellen, mir ein liebevoller Partner zu sein und mit meinem 3jährigen Sohn ausgelassen zu spielen?«) oder durch Hinweise wie »Philippinin, 27, und Sohn, 3 ...«, »Sie, 42 J. (3 kl. Kd.)« oder »Ute (358 Monate) und Felix (22 Monate) suchen ...«

Es gibt Inserenten, die den Hinweis auf ein Kind erst in der Textmitte oder am Ende plazieren. Als Leser, der einen Partner ohne Kind sucht, wird man auf diese Weise ein paar Zeilen lang irregeführt. Darüber hinaus wirken solche Annoncen oft so, als wollten die Inserenten dem Leser ihr Kind quasi »durch die Hintertür« vorstellen – nämlich erst dann, wenn sie sich selbst ausgiebig vorgestellt und das Interesse des anderen entfacht haben. Drei typische Beispiele dafür:

> Frau (34) sucht begeisterungsfähigen Mann. Ich mag Natur, Reisen, Menschen, Lachen, Musik, Tanz, Bücher, Kultur, meine Arbeit, die Liebe und last but not least meinen Anhang (5).

> Suche einen Mann zum Lieben, Lachen, zum Leben, Träumen, Vorzeigen, Schmusen, Diskutieren und weitere schöne Sachen des Lebens. Ich bin 27, 164, 54 kg und sportlich-attraktiv. Er ist drei und wirklich sehr kontaktfreudig. Wir freuen uns auf Dich.

> Mit dieser Anzeige finden Sie eine lebhafte, 30jähr., 1,75 m große Zwillingsfrau, mit der Sie auffallen können. Welcher distinguierte Mann, der groß genug ist und den Willen mitbringt, mich und meinen Sohn glücklich zu machen, schreibt bitte mit Bild ...

Viele Inserenten mit Kindern befürchten, keine oder nur sehr wenige Zuschriften zu bekommen, wenn sie ihren »Anhang« erwähnen. Dies mag berechtigt sein (die Zuschriften sind statistisch gesehen um ein Vielfaches geringer als bei Singles), andererseits gibt es viele Frauen oder Männer, die ein Leben mit Familie anstreben und einen kleinen oder großen Anhang mühelos in eine zukünftige Partnerschaft integrieren können. Gerade sie suchen den Anzeigenteil nach Inseraten wie den folgenden ab:

> Gänseblümchen, 32 J., mit Ableger su. Männertreu.

> Vati, 43/181, verwitwet, Töchterchen 9, beste Verhältnisse, sucht kinderliebende, charmante Partnerin.

> Mama, 34/165/60 mit 2 Söhnen 6/8, sucht Teamverstärkung. Bitte m. Bild.

> Ich liebe Kinder, Bäume, Musik, das Meer, halbverwilderte Gärten, alte Freundschaften, Gespräche, Offenheit, Zuverlässigkeit, Bewegung, meine Arbeit. Wir (41, 165, Querflöte, und 12, 168, Violine) suchen lebensbejahenden Alltagsgefährten, naturverbunden u. gesellschaftskritisch, NR, am liebsten mit Kind(ern).

> Allein gibt es mich nicht! Pfiffige Sie, 31, zierl., vorzeigb., mit Köpfchen (nicht nur z. Schminken) + 2 kl. Ablegern su. nat., verantwortungsv. Pendant mit Grips + Witz!

Das aussagekräftige Inserat

In den vorangegangenen Kapiteln haben wir Kontaktanzeigen vorgestellt, die Ihnen bei der Formulierung wichtiger Kriterien wie Selbstdarstellung, Wunschpartner oder Art der angestrebten Beziehung helfen sollen. Als Bausteine sind diese Beispiele – sehr wörtlich – wirklich Steine, aus denen ein Inserat gebaut und in die richtige Form gebracht werden muß. Wie ein Haus, das aus verschiedenen Materialien besteht und erst durch das ausgewogene Miteinander von Steinen, Mörtel, Beton, Holz und Ziegeln ein Ganzes ergibt.

Ist der Architekt ein kreativer Kopf, so mag er eine wunderschöne Villa entwerfen oder einen verwinkelten Bungalow mit Walmdach. Ist er anspruchslos, werden ihm Reihenhäuser einfallen – mit schlichter Fassade und langweiligem Grundriß.

Leider stammt das Gros der Kontaktanzeigen von solchen Reihenhaus-Architekten, die graue und völlig unattraktive Texte schreiben. Eine Anzeige gleicht dabei der anderen wie ein Ei, und Trennschärfe oder Kontur gelingt nur in seltenen Fällen. Wer Inserate aufgibt wie »Jg. Mann, 29/186, sucht nette Sie« darf sich nicht wundern, wenn er keine oder nur wenige Zuschriften erhält. Im Umfeld einer Kontaktanzeigenseite gehen solche Inserate sofort unter, und aussagekräftige, detaillierter formulierte Annoncen werden ihnen vorgezogen. Wir wollen deshalb auf den folgenden Seiten Wege aufzeigen, die wegführen von konturlosen, allgemein gehaltenen Texten. Statt dessen stellen wir Möglichkeiten vor, einer Anzeige eine individuelle Handschrift zu geben und sie persönlich und unverwechselbar zu machen.

Reihung von Eigenschaften

Wenn Sie den Kontaktanzeigenteil von Tageszeitungen aufmerksam lesen, werden Sie dort immer wieder Zwei- oder Dreizeiler finden, die sich auf fatale Art ähneln und untereinander fast völlig austauschbar sind. Das einzige Unterscheidungsmerkmal ist hierbei das Geschlecht oder das Alter, die Haarfarbe oder der Beruf. Vom Inserenten oder vom Wunschpartner erfahren Sie in der Regel nichts, und so kann sich jeder beliebige Leser (wenn er überhaupt auf solche Anzeigen reagiert) angesprochen fühlen. Einige Beispiele aus der »Westdeutschen Allgemeinen Zeitung«:

> Er, 30, sucht sie bis 37 f. Partnerschaft. Zuschr. u. 03 ZE 279567

> Er, 37, s. nette Sie für gem. Freizeitgestaltg. Zuschr. u. 03 ZE 788837

> Witwe, 56 J., möchte symp. Herrn kennenlernen. Zuschr. 72 A 6993

> Sie, 25, 163 cm, 55 kg, langhaarig, blond, sucht ihn. Bildzuschr. u. 03 ZE 86 994

> Junger Mann, 39 Jahre, Handwerker sucht liebe, einf. Sie (Alter?) Zuschr. u. 25 A 85774

> Sie, 34/159 m. Kind sucht lieben gr. Ihn. Zuschr. u. 03 ZE 25376

Die Enttäuschungen beim Eintrudeln der Briefe oder spätestens beim ersten Treffen sind hier vorprogrammiert. Um sich aber von solchen schlechten Beispielen abzuheben, genügt es, wenn Sie dem Text ein paar konturierende Adjektive hinzuzufügen, die ihm mehr Farbe verleihen. Das Muster »x sucht y« oder »x sucht y für ...« soll dabei als Grundgerüst dienen.

> Sympathischer Akademiker, 34/178, schlank, sportlich, sucht nette, natürliche Sie, am besten für immer. Ihre Zuschrift erreicht mich unter 03 ZE 95 8356

> Aparte, blonde, 47, junggebliebene Fische-Frau, liebenswert, schlank, romantisch, selbst., sucht immer noch ihren Traummann! Ca. 180 cm, vorzeigbar, mit Herz + Verstand. Raum München. Nur Bildzuschriften unter ZS4434058 an SZ.

> Selbstbewußte, attraktive, vielseitige, unkonventionelle Frau (33 Jahre alt, schlank, langbeinig) wünscht sich: attraktiven, großen, selbstbewußten Mann mit Herz und Esprit. ZC 4751 DIE ZEIT Postfach 106820, 2000 Hamburg 1

Anzeigen dieser Art zeichnen sich durch Reihung von mehreren Eigenschaften (»apart«, »blond«, »junggeblieben« u.ä.) aus, in ihrem Gesamteindruck bleiben sie aber doch sehr allgemein und verführen den Leser (frühzeitig und subjektiv), aus den genannten Eigenschaften ein Bild zu konstruieren, das nicht immer der Wirklichkeit entsprechen wird.

Eine attraktive, langbeinige und unkonventionelle Frau kann mit kurzgeschnittenem, platinblondem Haar, hohen Pumps und einem schwarzen Latexmini durch den Alltag laufen, sie kann aber auch einfach nur etwas groß geraten sein und ihre langen Beine durch lange Röcke kaschieren sowie unter »unkonventionell« verstehen, daß sie alternative Lebensformen mag.

Dennoch ist dieser Typ von Anzeigen weit verbreitet und sicherlich nicht falsch. Wenn Sie mit Sprache nur durchschnittlich umgehen können und »auf Nummer Sicher« gehen wollen, sollten Sie Ihre Annonce durchaus nach diesem Muster stricken und durch Aneinanderreihung von Eigenschaften versuchen, sich selbst, den anderen und die Vorstellung vom gemeinsamen Leben zu beschreiben. Je detaillierter und länger Sie solche Anzeigen schreiben, desto mehr Kontur können Sie gewinnen, auch wenn die Begriffe dabei immer noch sehr allgemein sind. Dafür drei Beispiele:

> Ehewunsch! Lebensfrohe, nette Sie, 31/178, Schlank, rk., led., gütig, natürlich, von herzlichem und sonnigen Wesen, sucht kath., charakter- und niveauvollen, seriösen, warmherzigen Mann für ein gemeins. christliches Leben. Bildzuschr. erwünscht (diskret u. zurück) unter 47892 ...

> Raum Ruhrgebiet/Düsseldorf. Dr. rer. pol., freib., Personalberater, 42 J., gut auss., sportl. Typ, sehr erfolgr., zuverlässig, 182 cm, led., einfühlsam, interessiert an Menschen, Gesprächen und attr. Reisezielen, aber auch an berufl. Leistung und pers. Weiterbildung, sucht charmante und verständnisvolle Partnerin (bis ca. 34 J.), die auch gern lacht und Verstand und Herzensbildung mitbringt. Ich freue mich auf unser erstes Treffen ...

> Interessante, natürliche Sie, 35, 165, gute Figur, weitgereist und weltoffen, finanziell unabhänig, humorvoll, großes Herz, vielseitig interessiert (Natur, Bücher, Musik, gemütl. Heim), ortsgebunden, sucht niveauvollen Partner mit Herz und Verstand zwischen 35 u. 45 zum Leben, Lieben, Heiraten und Kind(er)kriegen. Ich freue mich über jede Bildzuschrift unter 271678 an die Frankfurter Allgemeine, Postfach 100 808, 6000 Frankfurt 1.

Zur Abwechslung ein zündender Einleitungssatz

Anzeigen, die vorwiegend das Stilmittel der Reihung verwenden, können Sie etwas weniger konventionell und trocken gestalten, indem Sie ihnen einen zündenden Einleitungssatz oder ein frisches Motto voranstellen. Ein Text gewinnt dann auf einfache Weise das, was er am nötigsten hat: Persönlichkeit!

> Zum Teufel mit der Einsamkeit! 58 Jahre alte Witwe, flott, blond, unsportl., sucht lieben Mann, Raum GE, für gem. Unternehmungen. Zuschr. u. 15 ZE 30510.

> Nicht immer, aber immer öfter, habe ich das Gefühl, daß mir etwas zu meinem Glück fehlt. Deshalb suche ich, Mann mit wenig Haaren, aber Lachfalten (33, 184) Frau, dunkelhaarig, zum Lieben, Lachen, Leben.

Oder ein Beispiel mit einer sehr langen, poetischen Einleitung:

> Im Januar das Eis brechen, im Februar Faschingsnächte durchtanzen, im März sonnige Pisten herunterdüsen, das ganze Jahr lang Kulturelles, Kurioses und Kulinarisches gemeinsam genießen, für den Partner da sein, miteinander sprechen, Konflikte verständnisvoll lösen. Beruflich engagierter Wirtschaftsakad. (43) sucht f. liebevollen Neubeginn gut aussehendes, selbstbew. Pendant mit Hirn + Drive, gerne wesentl. jünger, möglichst Raum 6/7. Jede Zuschrift (mit Bild?) wird beantwortet.

Eine Kontaktanzeige bekommt durch einen solchen Einleitungssatz sofort mehr Leben. Sie treten als Inserent dem Leser ein Stück näher und provozieren – wenn der Text herüberkommt – in ihm ein Gefühl von Sympathie, schaffen eine Verbindung, die emotional ist und nicht nur »über den Kopf« abläuft. Solche Einleitungssätze können Fragen sein (»Sind Sie auch allein?«), Anspielungen auf bekannte Lieder oder Filmtitel – »Come together« (von den Beatles) oder »Desperately seeking« (von Susan Seidelman) –, aber auch ganz allgemeine Äußerungen wie »Hauptgewinn!« oder »Wunschzettel:«.

Im folgenden haben wir einige solcher »Aufmacher« notiert:

»Bei mir sitzt Du in der ersten Reihe!«
»Das Junggesellenleben bin ich leid«
»Deine Neugier will ich wecken!«
»Dich wünsche ich mir:«
»Echte Küsse schmecken besser als geträumte«
»Ein lieber Mann ist wieder solo!«
»Gesucht wird für eine feste Partnerschaft: ...«
»Herzenswunsch!«
»Ich möcht mich wieder verlieben«
»Ich will einen Mann mit Herz und Haar, ...«
»Jetzt weiß ich, welchen Mann ich suche! Er ist ...«
»Lust auf Leben?«
»Mein Wunsch für 1993 ist, den Mann kennenzulernen, den ich schon 1992 gesucht habe«
»Neubeginn im Frühling?«
»Neues Jahr – neues Glück?«
»Neue Männer braucht das Land!«
»Schöne Muse von Rhein/Ruhr, warten Sie nicht auf Godot«
»Verdammt lang her!«
»Was ich mir wünsche? ...«
»Wer möchte mein Herzblatt sein?«
»You can't hurry love!«
»Zu Risiken und Nebenwirkungen sucht Er, ...«
»Zuerst trauert man, dann ist man isoliert und alleine ...«

Anzeigen mit Sprachbildern

In der Alternativpresse und mitunter auch in Tageszeitungen fallen Inserenten durch originelle Sprachbilder auf. Da sucht »Jane« ihren »Tarzan«, ein »Täuberich« ein »Täubchen« oder der »letzte Single von den 7 Zwergen« sein »Dornröschen«. Anzeigen dieser Art wirken flott und verleiten den Leser nicht selten, in seinem Antwortschreiben das Sprachbild aufzugreifen und weiterzuführen. Vor dem »Märchenprinz«, dem »Frosch« oder dem »Beelzebub« möchten wir jedoch warnen. Er erscheint auf einer Anzeigenseite oft mehrfach und verliert dann an Wirkung. Abgegriffen wirkt auch der »Schmusekater«, der eine »Schmusekatze« sucht. Gelungen dagegen folgendes:

> Zaubermann gesucht!!! Wer verwandelt Tränen zu Salz in der Suppe und löffelt sie für mich aus? 37jährige Optimistin freut sich auf zauberhafte Zeiten. Chiffre: »Simsalabim«.

> Lonesome Cowgirl (19, 173) möchte lonesome cowboy für gemeins. Ritte (in den Sonnenuntergang und mehr) kennenlernen. Selbstgedrehte Steckbriefe bitte mit Phantombild!

> Das doofe Christkind hat mal wieder das Falsche gebracht: einen häßlichen, hölzernen, mickrigen, dümmlichen grinsenden Hampel-Mann mit Rauschebart u. Cowboystiefeln! Wer traut sich zu, die Wünsche einer attraktiven, nicht drei-, sondern dreißigjährigen (172/60) zu erfüllen? Bildzuschriften erbeten, in der Hoffnung auf eine schöne Bescherung.

> Schützelady sucht ihren Stern: Er ist strahlende 50 J. jung, mit geistiger und seelischer Leuchtkraft, liebenswerten Macho-Zacken, mit irdischen Gütern gut bestrahlt. Sie ist charmant, fröhlich-ernst, realistisch-romantisch, liebevoll-kratzbürstig, verständnisvoll eigensinnig, loyal und voll Power für eine neue Umlaufbahn.

Der »kleine Kick«

In vielen Inseraten ist es neben (oder anstelle) eines zündenden Einleitungssatzes oder eines Sprachspiels oft ein einzelnes Wort oder eine einzige Wendung, die dem Leser auffällt und ihn immer wieder auf dieselbe Anzeige zurückkommen läßt.

Solche Signalwörter oder -wendungen sind oft ganz unscheinbar, geben einer konventionellen Anzeige aber das gewisse Etwas, das sie braucht, um Erfolg zu haben:

> Steinböckchen, 39 Jahre alt, 168/65, schlank, hübsch, vielseitig interessiert, natürliches Wesen, sucht ehrlichen, zuverlässigen, gebildeten, niveauvollen u. bindungsfähigen Mann für eine gemeins. Zukunft. SZ 876996

> Unkonventionelle, temperamentvolle Frau (38/167/Akd.) mit Klettergurt, Designer-Zahnbürste u. hervorragenden Kochrezepten sucht lebenslustigen, sportlichen Mann für eine aufregende Partnerschaft. ZS 4416522

> Student, 21, 171, blond, vorzeigbar, etwas zurückhaltend, mit Interesse an Politik, Sandstränden und Surfbrettern, sucht zärtliche liebevolle Frau für die große Liebe. Chiffre: 07040018

Anzeigen mit Persönlichkeit

Der Anspruch, in einer Kontaktanzeige nicht nur teilweise, sondern vollständig auf Leerformeln und verbrauchte Adjektive zu verzichten, ist hoch und wird leider nur wenigen Inserenten gelingen. Wenn

Sie es jedoch verstehen, sich und Ihre Wunschvorstellungen anders als andere darzustellen – plastisch und bunt, nah und mit Individualität – werden Sie mit zahlreichen und vor allem »passenden« Zuschriften rechnen können.

> Welcher liebe Mann vermißt eine Frühstücksteilhaberin, Fahrrad- und Wandergefährtin, Theaterplatzkartenabnehmerin, Gegen- und Mitstreiterin, Unsinnmittreiberin, Vertrauenskomplizin? Ich, 28, 172, wüßte, wo Du mit dem Finden beginnen könntest: Chiffre 110201.

In dieser Anzeige werden Charakteristika und Hobbys (Radfahren, Wandern, Theaterbesuche) in eine lange, detaillierte Frage gepreßt, die Selbstbeschreibung und Wunschpartner geschickt verquickt. Daß diese Frau »naturliebend« oder »kulturinteressiert« ist, beschreibt sie auf andere Art als üblich. Ihre Unkonventionalität und ihre Souveränität signalisiert sie selbstredend »zwischen den Zeilen« und durch die besondere Form des Inserats.

Ein sehr buntes und plastisches Bild von sich und ihrem Leben vermittelt auch die folgende Inserentin. Dieser Text wirkt wie ein Foto, wie eine Momentaufnahme, und ein Leser kann es lange betrachten und entscheiden, ob er in diesem Leben einen Platz finden könnte oder nicht.

> Klaue Pullover aus dem Schrank und Oliven von der Pizza, ziehe Dir nachts die Decke weg und krümele Kekse ins Bett, besetze das Bad und lese Deine Zeitung, suche die Autoschlüssel, und wenn ich dann ins Büro gefahren bin, stolperst Du über Stöckelschuhe und Dein Kopfkissen riecht abends noch nach meinem Parfüm. Frau, 33, attraktiv, klug, frech, hat keine Lust mehr, Single zu sein.

Plastisch und nah wirkt auch die folgende Anzeige, die durch präzise und sehr ehrliche Beschreibungen gefällt.

> Mut zu zweien addiert sich zu ungeheuren Kühnheiten. Suche ihn! Vielleicht Raum 6 (67, 68, 69), 40 bis 55 J., aktiv und kreativ, neugierig, zum Genuß auch alltäglicher Eindrücke fähig, zum vergnüglichen Zweck gegenseitiger An- und Aufregung, für den ganz normalen Wahnsinn: Etwas vom Snob, Gauner, Träumer, Abenteurer, Zauberer, Manager, Künstler?! Bin sehr schlank, 41, 1,62 m, lebens-, auslands-, ehe-, kinderfahren: hin und wieder normal, oft ein wenig verrückt; liebe meinen Beruf, die Wüste, meine Katze, Gärten, Bäume, Sinnlichkeit, auch Popmusik, Kunst, Stil, Offenheit, manchmal weiß ich, was ich will – oft zweifle ich; bin emotional, zuverlässig, bewegungsfreudig, nicht immer stark, handwerke gern, versuche mich im Tai-Chi, der Meditation, Selbsterfahrung u.v.m.

Der Erfolg dieser Anzeigen ist wesentlich durch ihre Offenheit begründet, durch den unverstellten und direkten Einblick in den Alltag der Inserentin, in das Leben das sie führt, in die Hobbys (»Tai-Chi«, »Meditation«), die sie mag, oder die Leidenschaften (»ziehe Dir nachts die Decke weg«), die sie pflegt. Diese Ehrlichkeit trifft hier und da die Wunschbilder des Lesers oder weckt zumindest Sympathie. Er wird hier kaum mit dem Kopf, sondern mit dem Herz lesen.

Eine Regel, um solche Anzeigen zu schreiben, können wir Ihnen nicht geben. Die Texte sind viel zu individuell und subjektiv, als daß man sie auf ein paar Bausteine zurückführen könnte. Hier müssen Sie lange die Anzeigenseiten der Zeitungen studieren und ein Gefühl entwickeln für Inserate mit Persönlichkeit. Viele, viele anschließende Schreibversuche sind dann nötig, um den richtigen Ton und die richtige Form zu treffen.

Zwei herausragende Beispiele zum Abschluß:

Blinzeln in der Morgensonne, Augenblicke, Festhalten und Freilassen, Mumm Extra Dry, Spazierengehen, Gewitter, Chris Rea & miteinander reden, lachen, sooooviel Zärtlichkeit, Kerzen beim Brennen zusehen, Sterne zählen, verstehen statt diskutieren, Freude an Kleinigkeiten, Realität mit Traumnischen, Liebe statt Gewohnheit, freundliche Neugier auf liebe Frau mit inneren und äußeren Werten, gesucht von m, 26/174.

Frau (28 Jahre, 175) hätte Spaß an einem Mann, der mich zu Stadtgarten, Petit Prince, Berlin-Kreuzberg, in die Eifel und nach Australien oder Asien begleitet. Ich gehe aber auch gern alleine und bin bei unserem Treffen neugierig, von Deinem Tag zu hören, freue mich auf Heimkommen, Geborgenheit und gemeinsames Genießen. Ich liebe Pop-Art, Entartete Kunst, Herlinde Koelbl und Jörg Immendorf. Zuschriften unter 287746

Reportage 2

Mit Kontaktanzeigen zu neuen Kontakten: »Rolf, 35, neu in der Stadt ...«

Würde man Rolf mit den anzeigentypischen Begriffen beschreiben, dann wäre er »sportlich« und »aufgeschlossen«, »humorvoll« und natürlich »vielseitig interessiert«. Aber von solchen Stereotypen will der 35jährige Sicherheitsexeperte eines Kaufhauskonzerns nichts wissen. In seinen Inserattexten sucht er lieber als »junggebliebener Alt-Achtundsechziger« eine »undogmatische Jung-Linke«. Oder er schreibt einfach: »Tutti Frutti im Fernsehen ist blöd. Ich will die Live-Show. Blondinen bevorzugt.«

Rolf ist fast schon ein Profi, wenn es ums Formulieren von Kontaktanzeigen geht. Und er macht auch kein Geheimnis daraus, daß er den größten Teil seiner Freundinnen und Bekannten durch Inserate gefunden hat. »Anders kann ich es mir auch gar nicht vorstellen«, erklärt er. »Ich bin nun mal ein sehr geselliger Mensch. Aber weil ich wegen meines Berufs fast jedes Jahr in eine andere Stadt ziehen muß, stehe ich immer wieder vor dem Problem, wie ich am neuen Ort schnell mit anderen Menschen in Kontakt komme.«

Das ist dann der Punkt, an dem die Anzeigen ins Spiel kommen. Dabei nimmt Rolf den Begriff der »Kontakt«-Anzeige wörtlich: »Ich inseriere nicht, um die große Liebe zu finden. Ich möchte ganz einfach ein paar nette Frauen kennenlernen.« Er zwinkert. »Und meist klappt das auch.«

Wenn Rolf wieder einmal von der Zentralverwaltung des Kaufhauskonzerns in eine neue Stadt versetzt worden ist, um dort das Sicherheits- und Verkaufspersonal zu schulen und die Diebstahlsquote zu senken, inseriert er meist gleich, nachdem er sich mit seinen Habseligkeiten in der neuen Wohnung eingerichtet hat. Bewährt hat sich für erste Kontakte, für Bekanntschaften und Geselligkeit jeder Art eine Anzeige in einer der Stadtillustrierten:

> Neu in der Stadt: wer weiht mich in die Geheimnisse von XX ein? Mann, 35/178 sucht schicke Fremdenführerin nicht unter 30.

Die Reaktionen auf diese Anzeige, die einfach nur Kontaktbereitschaft signalisiert und alles weitere bewußt offenläßt, sind in der Regel bunt gemischt. »Am besten gefallen mir dabei immer die Frauen, die ganz spontan zum Stift greifen, um mir zu schreiben«, erzählt Rolf. »Etwa in der Art: So interessant ist unsere Stadt nun auch wieder nicht, aber dafür könnte ich Dir ein paar Geheimnisse von mir persönlich verraten. Oder wie damals in Hamburg eine Diplom-Pädagogin, die mir schrieb: »Es gibt keine Geheimnisse mehr – aber wir können ja auch über etwas anderes reden.«

Aus solchen Briefen spricht für Rolf eine Spontaneität, die ihn neugierig macht. »Eigentlich sind unter den Antworten auf eine Anzeige immer nur zwei oder drei Briefe wirklich interessant«, erzählt er. »Die anderen wirken wie aus dem Baukasten zusammengesetzt. So nach dem Schema: ‚Lieber Unbekannter, ich lese normalerweise keine Kontaktanzeigen, aber als mein Blick jetzt ausnahmsweise einmal auf Dein Inserat fiel, habe ich mich ganz spontan entschlossen, Dir zu schreiben.' Das ist ganz einfach phantasielos.« Und aus Erfahrung weiß Rolf, daß ausgerechnet diejenigen, die sich angeblich »nie« mit Kontaktanzeigen abgeben, meist Stammleser des Bekanntschafts- und Heiratsmarktes sind. Rolf schüttelt den Kopf: »Ich verstehe nicht ganz, warum dieser Form der Kontaktsuche immer noch so etwas Anrüchiges anhängt, und die Leute meinen, sich dafür entschuldigen zu müssen, daß sie sich melden. Dabei ist es doch eigentlich ganz klar, daß wir alle durch den Beruf immer mehr isoliert werden und neue Wege suchen müssen, um privat mit anderen Menschen in Kontakt zu kommen. Die einen gehen deshalb in Single-Kneipen, die anderen inserieren eben.«

Wenn Rolf aus den Zuschriften auf seine Anzeigen alle Briefe aussortiert hat, die ihm nicht gefallen oder bei denen er meint, daß er und die Briefschreiberin kaum gemeinsame Interessen haben, beginnt die zweite Runde: Er ruft alle Frauen an, die er in die »engere Wahl« genommen hat. »Am Telefon machen viele einen ganz anderen Eindruck als im Brief«, erzählt Rolf. »Bei einigen kommt dann später auch heraus, daß sie sich ihre Antwort von einer Freundin haben schreiben lassen oder daß sie den Text einfach aus einem Ratgeberbuch übernommen haben.«

Rolf hat daran überhaupt nichts auszusetzen. Im Gegenteil. »Das zeigt wenigstens, daß sie sich zu helfen wissen«, sagt er. »Wichtig ist vor allem der Eindruck, den ich am Telefon bekomme. Klingt die Stimme einer Frau angenehm, ist sie aufgeregt oder herablassend, wenn ich mich melde? Wie leicht kommen wir ins Gespräch? Fragt sie mich von sich aus nach meinen Interessen und Hobbys oder hat sie selbst ganz konkrete Vorstellungen, was wir machen werden, wenn wir uns verabreden?«

Für diese Anrufe hat Rolf kein Schema, an das er sich hält. Er läßt sich einfach auf die jeweilige Situation ein, um einen möglichst umfassenden Eindruck von dem Menschen zu bekommen, der da am anderen Ende der Leitung ist.

Und was sagt er, wenn er spürt, daß es wohl kaum Berührungspunkte gibt und sich ein Treffen wahrscheinlich nicht lohnt?

»Ich bin ehrlich«, gibt Rolf zu. »Meistens merkt es die Frau ja auch, daß man nichts miteinander anfangen kann. Einer muß es nur aussprechen.« Aber auch dabei kann man nie vor Überraschungen sicher sein. Da war zum Beispiel Heidi, eine 27jährige Romanistik-Studentin. Sie hatte sich auf ein Inserat gemeldet, das Rolf in einer Frankfurter Stadtillustrierten aufgegeben hatte: »Dummer Macho sucht schlaue Frau« lautete die provokante erste Zeile.

Rolf: »Eine der Antworten kam von Heidi. Sie schrieb mir in so einem Kindergärtnerinnenton, mein Spruch sei ja wohl das Blödeste, was sie jemals gelesen hätte. Sie wollte das nur loswerden, sich gar nicht mal mit mir treffen. Ich habe sie dann angerufen und ihr gesagt, ich sei der dumme Macho und sie solle mir mal die Fremdwörter in ihrem Brief erklären. Zuerst war sie fast sprachlos, aber dann lachte sie los. Ich fand ihre Stimme unheimlich sympathisch und habe ihr erklärt, ich würde sie gerne mal treffen. So kam dann halt eins zum anderen – wir treffen uns heute noch hin und wieder, wenn es die Umstände erlauben.« Eine Kumpelfreundschaft ist daraus entstanden, bei der jeder den anderen so nimmt, wie er ist.

Und wie ist das sonst bei den ersten Treffen? Welche Erfahrungen hat Rolf gemacht?

»Überwiegend gute«, erklärt er. Am liebsten verabredet Rolf sich in kleinen Lokalen oder Bistros, oder im Sommer in Eis-Cafés. Kneipen meidet er in der Regel, denn es darf nicht zu laut und nicht zu voll sein. Mehr als eine Verabredung am Abend nimmt er sich niemals vor. »Weil man ja nie weiß, wie es ausgeht! Ich lege es nicht darauf an, eine Frau gleich beim ersten Treffen noch zu mir einzuladen. Aber ich habe es mehr als einmal erlebt, daß eine Frau nach einer halben Stunde wissen wollte, ob wir jetzt gehen sollten, um es uns etwas gemütlicher zu machen.« Rolf lächelt wieder. »Warum soll ich da nein sagen, wenn mir die Frau sympathisch ist?« will er wissen.

Nach Rolfs Erfahrungen entscheidet sich beim ersten Treffen endgültig, ob man sich in irgendeiner Weise mag oder nicht. »Manchmal können wir trotz vieler gemeinsamer Interessen rein persönlich gar nichts miteinander anfangen«, erzählt er. »Ich sage dann der Frau auch ganz offen, daß es ein netter Abend gewesen ist und ich auch sehr beeindruckt von ihr bin, aber daß es wohl besser sei, wenn wir es erst einmal dabei belassen.«

Das verstehen die meisten, und man geht ohne Groll auseinander. Nur in Ausnahmefällen kommt es zu einer Szene, wie bei dem Treffen mit einer Zahnarzthelferin in Frankfurt, die Rolf nach seiner ehrlichen Eröffnung beschimpfte und ihm den Rest aus ihrem Sektglas ins Gesicht schüttete. Rolf trug es mit Fassung. »Sie war wütend, weil ich zu Anfang gesagt hatte, daß ich keine Ehefrau suchte, sondern nur eine Freundin oder eben eine Bekanntschaft«, sagt er. »Sie dagegen suchte einen Ehemann. Es war das klassische Mißverständnis. Mein Text lautete: ›Ungebundener Mann möchte sich gern von einer netten Frau fesseln lassen.‹ Außerdem stand die Anzeige auch in der Rubrik Bekanntschaften – aber das hatte sie einfach alles ignoriert. Dabei werden gerade bei Anzeigen in Tageszeitungen noch klare Unterschiede zwischen ›Heiraten‹ und ›Bekanntschaften‹ gemacht, während die Stadtillustrierten darauf überhaupt keinen Wert legen.«

Als geübter Kontaktanzeigen-Inserent weiß Rolf natürlich auch, daß diese Veranstaltungskalender und Stadtmagazine eine ganz andere Leserschaft haben als die Tageszeitungen. »Mehr Intellektuelle, kulturell überdurchschnittlich interessierte Leute«, versucht Rolf eine Beschreibung. »Natürlich auch durchweg etwas jünger als die Leute, die auf eine Anzeige in der Tageszeitung antworten. Die meisten suchen genau wie ich erst einmal nur Bekanntschaften, mehr nicht. Wenn sie die Hoffnung haben, irgendwann dabei auch die große Liebe zu finden, dann sagen sie es nicht. Bei denen, die auf eine Anzeige in der Tageszeitung schreiben, schimmert dagegen ziemlich häufig dieser Wunsch nach dem Traumprinzen durch. Diese Briefe sind grundsätzlich auch immer viel ernster und ernstgemeinter.«

Ein gutes halbes Jahr dauert es meist, bis Rolf sich mit fünf oder sechs Anzeigen in Stadtillustrierten und Tageszeitungen einen neuen Bekanntenkreis aufgebaut hat. »Zehn, zwanzig Leute kommen da schnell zusammen«, erzählt er. »Meist ergibt sich eins aus dem anderen – ich lerne Freunde und Bekannte der Frauen kennen, mit denen ich mich treffe, man unterhält sich, verabredet sich vielleicht zum Tennisspielen oder unternimmt einmal etwas zusammen. Irgendwann läuft das dann wie von selbst.« Dann gibt Rolf auch keine Anzeigen mehr auf. Denn die benutzt er ja immer nur, um »einen Fuß in die Tür zu kriegen«, wie er sagt. »Wenn man sich etwas darum kümmert, kann man sich so ganz schnell einen ganz interessanten Freundeskreis aufbauen. Sobald ich glaube, daß ich genug Leute kenne, gebe ich auch keine Anzeigen mehr auf. Aber dann ist es meist nach einem oder zwei Jahren wieder soweit, daß ich nach der undurchschaubaren Personalpolitik unseres Hauses ans ganz andere Ende von Deutschland versetzt werde.«

Wenn es dann wieder soweit ist, packt Rolf seine Sachen und zieht um. Sorgen, daß er am neuen Ort keine Freunde findet, hat er nicht. Warum auch. Er weiß ja, was er machen muß, wenn er »neu in der Stadt« ist.

Auswahl der Anzeigen

Wer samstags oder sonntags morgens die Tageszeitung mit der Rubrik »Bekanntschaften« oder »Ehewünsche« aufschlägt, begibt sich auf einen Marktplatz, auf dem er von Stand zu Stand schlendern, in Ruhe einhalten, betrachten, abwägen, weiter- oder wieder zurückgehen kann. Es ist ein stiller Marktplatz, weil die Menschen, die hinter ihren Ständen stehen, nicht rufen und nicht schreien. Sie halten statt dessen kleine Schilder in der Hand, die etwas von ihrem Wesen verraten, von ihrem Alter, von ihren Charaktereigenschaften oder ihren Hobbys, und damit den Betrachter neugierig machen sollen.

Wie aber auf richtigen Märkten der eine eine Ware anbietet, die der andere kauft, wie es also ein Angebot und eine Nachfrage gibt, so läßt sich auf dem Kontaktanzeigenmarkt diese Trennung nur scheinbar halten. Der Inserent nämlich und der Leser suchen im Grunde das gleiche – eine Partnerschaft –, und jeder von ihnen könnte hinter dem Stand stehen und sein Schild in die Höhe halten. Der eine zieht es dabei vor, sich finden zu lassen, der andere ist eher geneigt zu suchen oder präziser ausgedrückt: auszusuchen.

Mit dem Eintreffen der ersten Zuschriften verkehrt sich aber dieses Verhältnis, denn jetzt kann der Inserent aussuchen und aus den (hoffentlich) zahlreichen Briefen diejenigen auswählen, von denen er meint, daß sie am besten zu ihm passen.

Als Inserent sind Sie dabei eine Spur im Vorteil, weil Sie durch eine Chiffrenummer Ihre Anonymität wahren können. Sie opfern zwar Zeit für die Formulierung eines Inserats, können aber dann abwarten und brauchen später nur auszuwählen, was andere Ihnen geschrieben haben. Wenn Sie auf Inserate antworten, investieren Sie materiell lediglich das Briefporto, müssen aber zunächst eine Vorauswahl der Anzeigen treffen und dann auf jede Annonce gesondert schreiben, was von Fall zu Fall recht viel Zeit kostet. Ihre Anonymität können Sie nicht wahren, da Sie Ihre Adresse oder zumindest Ihre Telefonnummer für eine erste Kontaktaufnahme nennen müssen. Darüber hinaus müssen Sie nach dem Abschicken eines Briefes mit längeren

Wartezeiten rechnen. Neben der Bearbeitungszeit, die eine Zeitungsredaktion benötigt, braucht auch der Inserent ein paar Tage, bis er aus der Briefeflut eine Vorauswahl getroffen hat. War Ihre Anzeige zündend, können Sie frühestens nach 8 oder 10 Tagen mit einer Reaktion rechnen. Kommen Sie in den Stapel »Zweite Wahl« und erst im Nachrückverfahen an die Reihe, können auch schon mal drei oder vier Wochen vergehen. Hatten Sie kein Glück und ist der Inserent seriös, so wird er nach vier bis sechs Wochen Ihren Brief mit einer kurzen Absage zurückschicken.

Wenn Sie sich dafür entschieden haben, auf ein Inserat mit einem Brief zu reagieren, stehen Sie zunächst vor der Aufgabe, die richtige Zeitung auszuwählen. Sind Sie unabhängig und nicht ortsgebunden, können Sie sich die Samstagsausgaben verschiedener regionaler oder überregionaler Ausgaben am Bahnhofskiosk besorgen. Sind Sie ortsgebunden, sollten Sie eine Zeitung kaufen, in deren Verbreitungsgebiet Sie wohnen. Im Ruhrgebiet, in Hamburg oder München gibt es darüber hinaus Stadtmagazine der Alternativpresse, die am Ende eines Monats erscheinen und zahlreiche Kontaktanzeigen aus der jeweiligen Region veröffentlichen.

Welcher Zeitung Sie den Vorzug geben, hängt auch von Ihren persönlichen Ansprüchen ab: Das Inseratniveau in der »Zeit«, der »Frankfurter Allgemeinen« oder »der Welt« ist natürlich deutlich höher als in einem Boulevardblatt wie etwa »Bild« oder dem »Express«.

Je konkreter die Vorstellung von Ihrem Wunschpartner und die Art der angestrebten Beziehung ist, desto leichter wird Ihnen die Auswahl der verschiedenen Inserate fallen. Sie sollten deshalb vorab eine Liste erstellen, in der Sie die wichtigsten Punkte (Alter, Größe, Entfernungstoleranz, Familienstand, Beruf, Eigenschaften, Hobbys, Interessen etc.), die ein Inserent erfüllen müßte, für sich selbst aufführen. So haben Sie ein Suchraster, mit dem Sie die Flut der Anzeigen durchkämmen können. Beschränken Sie dabei Ihre Liste auf 10 bis 12 wesentliche Punkte, da Sie sonst zu sehr ins Detail gehen und bei Ihrer Suche kaum einen Inserenten finden werden, der Ihren Vorstellungen entspricht.

Markieren Sie die Grobauswahl der Inserate, indem Sie die Anzeigen farbig umkreisen oder mit einem Textmarker hervorheben. Schneiden Sie die Inserate aus, und wägen Sie sie noch einmal gegeneinander ab. Lesen Sie zwischen den Zeilen und versuchen Sie, ehrliche von unseriösen und zweideutigen Annoncen zu unterscheiden.

Wenn Sie Ihre erste Auswahl getroffen haben (wir empfehlen, nie auf mehr als vier oder fünf Anzeigen gleichzeitig zu antworten), sollten Sie Ihre Zuschrift möglichst schnell zur Post geben. Die Anzeigenabteilungen von Tageszeitungen verschicken in der Regel die Briefe, die bis Dienstag nach Veröffentlichung eines Inserats eingegangen sind, in einem großen Umschlag und sammeln Nachzügler etwa 10 Tage lang, ehe sie erneut einen Umschlag an den Inserenten verschicken.

Die Erfahrung zeigt, daß ein Inserent einer solchen Nachzüglersendung nicht mehr die volle Aufmerksamkeit widmet, da er mit der Kontaktaufnahme bereits bei der ersten Postsendung begonnen hat. Er wird bereits die ersten Telefonate geführt und auch schon das ein oder andere Treffen arrangiert haben, wenn Ihr verspäteter Brief eintrifft. Waren Ihre Konkurrenten bis dahin überzeugend, so werden Sie kaum noch irgendwelche Chancen haben, per Brief, der zu einem solchen Zeitpunkt eher blaß wirkt, in den Kreis der ernsthaften Bewerber vorzudringen.

Ein Tip zuletzt: Heften Sie die Anzeigen und Ihre Zuschriften in einem separaten Ordner ab. Wenn Sie auf mehrere Inserate gleichzeitig antworten und dies sogar von Woche zu Woche wiederholen, um Ihre Chancen zu erhöhen, werden Sie irgendwann den Überblick verlieren. Nichts aber ist peinlicher, als wenn ein Inserent Sie später unerwartet anruft und Sie nicht mehr wissen, auf welche Anzeige Sie eigentlich was geschrieben haben.

Daß Sie ein Vielschreiber sind, ist legitim; der Anrufer sollte dies aber nicht gleich spüren. Ein Blick in den Inseratordner ist deshalb ein gutes Memo, um in den Anfangsminuten eines Telefonats Ihr Gegenüber sicher einordnen zu können.

Besondere Anzeigen: Besitz und Sex

Viele Inserenten stellen in auffälliger Weise ihren materiellen Besitz oder ihre gesicherte berufliche Position heraus und versuchen auf diese Weise, einen Leser für sich einzunehmen. Hierunter fällt der »Porsche-Cabrio-Fahrer, Geschäftsführer« ebenso wie der »Frühpensionär, vermögend (Haus)« oder die »Wiesbadenerin aus gutem Hause, in selbständiger Position eines Großunternehmens«.

Zweifellos gibt es Leser, die auf diese Weise ihren sozialen Aufstieg regeln, in ein gemachtes Nest einheiraten oder zumindest eine Weile die Vorteile einer gesicherten Existenz und eines Lebens in Luxus genießen wollen. Inwieweit sie sich dadurch in gewisse Abhängigkeiten begeben, soll hier nicht hinterfragt werden. Der Inserent sollte jedoch die wichtigste Spielregel solcher Annoncen einhalten: Wer sich als wohlhabend ausgibt, muß es auch sein. Zwei typische Inserate, die das Materielle in den Vordergrund des Textes stellen:

> Welcher Herr mit Vermögen möchte mit mir, 40 Jahre, Übersetzerin, weitgereist, mehrsprachig, blond, mein Landhaus nahe Chiemsee und das Leben teilen?

> Eine nicht alltägliche Münchnerin, in leitender Position, 40 Jahre, 166 cm, schlank, attraktiv, sportlich, elegant, blond, mit gehobenen Lebensstil. Ich liebe das kulturelle Leben, Reisen, Sport. Suche beruflich erfolgreichen Geschäftsmann oder Manager mit Familiensinn. Zuschriften erbeten unter 354799126 an die Frankfurter Allgemeine, Postfach, 6000 Frankfurt 1

Auffällig oft sind solche »wohlhabenden« Inserenten bereits betagt und suchen – als Gegenleistung für die Teilhabe an ihrem Besitztum – einen auffallend jugendlichen Partner.

> Als reifer Mann, 55, 186 cm, NR, in gehobener Position, liebe ich das Leben auf dem Lande in meinem alten Anwesen in mittelalterlichem, ruhigen Idyll in reizvollster Flußlandschaft und wünsche mir die Begegnung mit einer jungen, sportlichen und unkompliziert-natürlichen Frau (20-30 Jahre).

Sympathisch dagegen das folgende Inserat eines »Plantagenbesitzers auf Kamtschatka«, das in seiner Überzogenheit wie eine Persiflage der eben genannten Beispiele wirkt.

> Eigentümer (35) ausgedehnter Ananasplantagen auf Kamtschatka sucht außergewöhnlich intelligente, atemberaubend attraktive und erdrückend wohlhabende Erntehelferin.

Die Autoren kennen den Inserenten und wissen, daß er zwar ein paar böse Zuschriften von humorlosen Frauen erhalten hat, aber auch drei Briefe von Eigentümerinnen einer »umfangreichen Zigarettenbilder-Sammlung «, einer »Nachlaßverwalterin eines Blaufuchsmantels« und von einer »Eiscafé-Erbin«, die sich brennend für die Ananas interessierte.

Aufpassen und seine Zuschrift wohl überlegen muß ein Leser auch bei Inseraten, die zwischen den Zeilen sexuelle Absichten transportieren. Um die Zensur der Zeitungen zu unterlaufen, hat sich im Laufe der Jahre ein gewisses Tarnkappenvokabular herausgebildet, das erst Anzeigenroutiniers vollständig entschlüsseln können. So sind viele böse Überraschungen durch das Mißverständnis des Wortes »tolerant« entstanden, das in der Regel die Suche nach gelegentlichen erotischen Treffs signalisiert. Ebenso zweideutig ist das Wort »unkonventionell«, das in der Anzeigensprache für phantasievolle Erotik jeder Schattierung steht.

Wer eine »Sie mit Faible für Lederkleidung« sucht, verbindet damit in der Regel sadomasochistische Phantasien, ebenso wie der »gutaussehende, dominante Herr«. Eindeutig erotische Absichten hat auch ein Inserent, der eine »Dessousliebhaberin« sucht oder eine »Reisebegleitung für gelegentliche Ausflüge ins Reich der Sinne« bzw. »für nette Stunden«.

Wer als Inserent wirklich nur auf ein erotisches Abenteuer aus ist, sollte das durch Eindeutigkeit in der Sprache signalisieren. Er findet damit eher einen Leser, der auf gleicher Wellenlänge ist, als jemanden, der sich zufällig in ein Inserat verirrt hat. (Sicher vor professionellen Damen, die auf diesem Wege ihre Kundschaft erweitern wollen, ist man aber auch hier nicht ganz.)

Vier Beispiele:

Wer geht mi mir fremd? Männlicher Feminist (41) sucht leidenschaftliche Frau für kleine Fluchten.

Zwei kreisende Wassermänner (32, 40) erwarten tangentiale Kollision. Zuschriften unter 86524

Dominante Dame, Akademikerin, Mitte 40, will ungebundenen Mann mit Niveau kennnlernen. Ich will mit Dir das Leben genießen. Dazu gehören Reisen, Kulturerlebnisse, Sinnlichkeit! Ich liebe es, einen im Beruf erfolgreichen und weisungsbefugten Mann privat in die entgegengesetzte Rolle zu zwingen. Reizt Dich das? Dann melde Dich.

Extravagante, wilde Sie, 26, temperamentvoll, etwas verrucht, aber dennoch mit Niveau und Stil, 1,78 m, langes Haar, Top-Figur, sucht dunkelhaariges, mögl. markantes Gegenstück. Bildzuschrift mit Telefonnummer unter 7324333

Die Zuschrift

Wie die Kontaktanzeige eine Visitenkarte des Inserenten ist – ein erster Eindruck, um sich dem Leser bekannt zu machen und die Aufmerksamkeit auf sich zu ziehen –, so ist es Ihre Zuschrift auf umgekehrte Weise. Sie stellen sich hier zum ersten Mal einem Inserenten vor, beschreiben sich und Ihre Vorstellungen von Partnerschaft und vom gemeinsamen Leben. Ein solcher Brief steht aber in der Regel nicht allein im Raum, denn es gibt Mitkonkurrenten, das heißt: Es gibt andere Zuschriften, vielleicht schlechtere, aber auch bessere, die den Stellenwert Ihres Briefes relativieren.

Wenn Sie jemals eine Kontaktanzeige aufgegeben haben, werden Sie um die Schwierigkeit wissen, aus 50 oder 60 Briefen eine Handvoll zu bestimmen, die zu den Auserwählten gehören sollen. Spätestens nach dem 15. oder 20. Brief werden die Menschen, die hinter diesen Zuschriften stehen, auf sonderbare Weise verschwimmen und ihre Kontur verlieren – umso mehr, wenn Sie graue und einheitliche Briefe schreiben. Nur wirklich originelle und markante Zuschriften werden diesen Lesemarathon überstehen! Sie bleiben dem Leser im Gedächtnis und werden auf eigenartige Weise zum Maßstab, an dem man unterschwellig die übrigen Zuschriften mißt.

Wir drucken im folgenden 14 ungekürzte Zuschriften auf eine Anzeige ab (sie erschien im Frühjahr 1993 in der Samstagsausgabe einer Tageszeitung), um Ihnen die Vielfalt der Reaktionen, die Eigentümlichkeiten und Regelmäßigkeiten vor Augen zu führen, aber auch, um Ihnen einmal ein Gefühl für den Kontext zu vermitteln, für das Umfeld, in dem sich jeder Brief befindet.

> Sie, 22/169, sucht Partner für gemeinsame Aktivitäten. Zuschr. u. 12 Z 351

Im folgenden also eine Auswahl aus der Flut von Zuschriften:

Brief 1

Hallo Du,
heute habe ich Deine Anzeige gelesen und fühle mich angesprochen. Schreibe mir doch mal oder rufe einfach an. Es würde mich sehr interessieren, Dich bald kennenzulernen.
Ich heiße Helmut, bin 29 alt und stehe kurz vor dem Diplom. Bevor ich nach Duisburg gekommen bin, habe ich u.a. in Hamburg, Hannover und Berlin gelebt und auch mehrere Auslandsaufenthalte in und außerhalb Europas hinter mir.
Als Ausgleich für das Nachtleben mache ich viel Jogging und auch Schwimmen. Ich bin offen für eine neue Beziehung und würde Dich erst einmal gern zum Essen einladen, damit wir uns unterhalten und kennenlernen können. Bis bald!

Brief 2

Hey 22jährige!
Deine Annonce hat mich neugierig gemacht. Bevor ich Dir jetzt lange Storys schreibe, stelle ich mich erst einmal vor. Bin 28 Jahre alt, 178 cm groß, 70 kg schwer. Haarfarbe schwarz, Augenfarbe grün. Sternzeichen: Fisch; die Schuppen sind mir bisher nicht von den Augen gefallen.
Bes. Kennzeichen: Muttermal auf der linken Po-Hälfte (nicht größer als 1 Pfg. Stk).
Hobbys: Sport, Musik, Motorrad fahren. Wohne im Sauerland (HSK) in Arnsberg.
Besondere Eigenschaften: Nichtraucher, Nichttrinker, leidenschaftlich, selten stur, meistens schüchtern, ledig, gesund, pessimistisch. Für den Brief, den Du mir schreiben wirst, bedanke ich mich schon jetzt im voraus.

Brief 3

Sehr geehrte Dame!
Ich bin 42/192, ledig, blond, von solidem-verständisvollem Wesen, Frührentner, früher kaufm. Angestellter (man merkt mir

für Stunden meine Behinderung nicht an)! Habe viel freie Zeit, z.B. für eine nette Frau, der aus Einsamkeit die Decke auf den Kopf fällt. Ob tagsüber/abends/am Wochenende und kurzfristig (wenn Sie selbst motorisiert sind), das Gespräch von Mensch zu Mensch suchen, dabei gern etwas verliebt Händchen halten oder sehr viel Nettes erleben möchten ...
Erstes Kennenlernen gern auch in einem (Hagener) Stadtcafé, Stadtbummel usw.
Herzliche Grüße, Heinz
P.S.: Habe Hobbykenntnisse in Naturheilkunde (auch seelische Entspannung). Verstehe etwas von längeren Rückenmassagen. Habe keine finanziellen Absichten.

Brief 4

Da ich beruflich sehr oft in Streßsituationen gerate und viel unterwegs bin, antworte ich auf Ihre Bitte in der Offerte »Betr.: Bekanntschaften« und lasse im folgenden meine Gefühle zur Antwort kommen.
Ich bin 36 Jahre, 183 cm.
Es wäre nett, wenn auch auf diesem Wege eine gute Freundschaft mit einem netten reizendem Mädchen geschlossen werden könnte. Da ich sehr oft nicht im Hause bin, bitte ich um Antwort nur unter Postfach 661.
Ich bedanke mich für Ihr Erscheinen in der Zeitung und freue mich auf ein Treffen.

Anmerkung der Autoren: In der linken oberen Ecke des Briefpapiers ist ein Signet »Detektiv« eingedruckt. Oben rechts steht – gestempelt – das Datum des Briefes.

Brief 5

Hallo Du,
bin 193 cm groß, 22 J., Brillen- und Bartträger. Rauche Pfeife und Zigarillos, trinke etwas Whiskey. Wohne möbliert und habe einen eigenen Wagen. Bin von Beruf Lagerarbeiter. Meine

Hobbys sind schnelle Autos, wissenschaftliche Bücher, SF-Literatur und Diskutieren.
Meine Schwächen sind etwas Egoismus und Eifersucht. Bin dafür aber sehr zärtlich und anhänglich.
Wenn ich Dir bis jetzt zusage, schreibe an ...

Brief 6

Sehr verehrte Unbekannte,
habe Ihr Inserat in der WAZ gelesen. Ich möchte Sie gerne einmal kennenlernen. Ich bin 46 Jahre alt, 180 cm, dunkelhaarig und wiege 77 kg.
In der Hoffnung auf Stunden trauter Zweisamkeit und auf Antwort wartend, grüßt ganz herzlich ...

Brief 7

Hallo,
nett, daß ich Dich endlich kennenlerne. Ich bin 20 Jahre alt, 185 cm groß und treibe gern Sport. Unter Sport verstehe ich nicht Fußball, sondern Tennis, Squash, Jogging, Leichtathletik und Skifahren.
Außerdem fotografiere ich leidenschaftlich gerne und unternehme gern Reisen in etwas wärmere Zonen im Süden. War auf Korsika und Sizilien.
Ich habe nach meinem Abitur 1892 (quatsch 1992) bei der Bundeswehr angefangen und werde nächstes Jahr dort entlassen. Während oder nach meiner Berufsausbildung möchte ich gerne für ein halbes Jahr nach Australien fahren.
Da ich gerne nette Leute kennenlerne, bin ich in meiner Freizeit meist in meinem Freundeskreis und in Diskotheken anzutreffen. Falls Du also Lust haben solltest, mal etwas mit mir zu unternehmen, dann schreib mir doch einfach.
Ich habe Dir ein Bild von mir dazugelegt und fände es ganz nett, wenn Du mir auch eines von Dir schicken würdest. Also, schreib mir mal.
Tschüß, Dein ...

Brief 8

Guten Tag!
Mein Name ist Rainer ... Ich bin 30 Jahre alt, 183 cm groß und selbständig im kaufmännischen Bereich tätig.
Da mir Deine Anzeige gefiel, möchte ich Dich sehr gerne kennenlernen. Du erreichst mich abends unter meiner Telefonnummer ... Ich freue mich auf unser persönliches Treffen.
Bis bald, Rainer

Brief 9

Fischerhütte, Freizeitunternehmen mitten im Naturschutzgebiet, guteingerichtet. Habe einen 200 Mercedes Diesel und ein Haus, aber Gott sei Dank zu Hause. Freundlichen Gruß, Dieter

Anmerkung der Verfasser: Dieser Text steht auf der Rückseite eines 9 x 13-Farbfotos, das die Vorderansicht einer Hütte und ein Stück Terrasse zeigt.

Angelteich

Anmerkung der Verfasser: Dieser Text steht handgeschrieben auf einem zweiten 9 x 13-Farbfoto, das eine Landschaftstotale mit Teich zeigt. Unter dem handschriftlichen Eintrag ein Firmenstempel mit Adresse und Telefonnummer.

Brief 10

Hallo!
Ihre Anzeige unter der Rubrik Bekanntschaften findet mein Interesse. Ich bin 53 Jahre, 173 cm, 67 kg; verheiratet, Nichtraucher und habe sehr viel Tagesfreizeit.
Sollte mein Schreiben Ihr Interesse finden, worüber ich mich freuen würde, so rufen Sie mich bitte montags bis freitags in der Zeit von 8.30 Uhr bis 18.30 Uhr, donnerstags ab 13.00 Uhr an. Bedingt durch meine Tagesfreizeit erreichen Sie mich am ehe-

sten gleich morgens, in der Mittagszeit oder am Abend.
Bitte rufen Sie nach 18.30 Uhr nicht mehr an.
Meine Rufnummer:
Mit freundlichen Grüßen, W ...

Brief 11

Betrifft: Deine Anzeige vom 11.2. – Hallo!
Im Brief findest Du ein kleineres Bild von mir (bei Nichtgefallen sende mir es bitte zurück). Ich bin 1,87 cm groß, 30 Jahre (ältester von fünf Geschwistern) – ein etwas frustrierter, aber dankbarer Mensch, mit vielen Umzügen und ledig.
Das Jurastudium ist von mir nach bestandenem Vorexamen wegen finanzieller Probleme abgebrochen worden, und nun suche ich nach einem Bürojob.
Dir schreibt hier keine sportliche Niete: Ex-Vereinsfußballspieler und vor drei Jahren einmal durchgehend ca. 60 km marschiert! Mein schönster Urlaub war mal mit einem Freund eine schöne Jugoslawienrundreise (1987). Ich habe Spaß an Englisch. Vielleicht überdenkst Du meine vorstellenden Zeilen ein wenig und schreibst mir? Herzliche Grüße noch von ...
P.S.: I don't smoke!

Brief 12

Sehr geehrte Damen/Herren!
Sind Sie einsam und suchen Sie einen Partner zwecks Freizeitgestaltung?
Wenn ja, fordern Sie von uns Informationen. Wir sind eine Partnerschaftsvermittlungsgemeinschaft und machen Ihnen ein tolles Angebot. Lassen Sie sich von uns kostenlos überraschen. Sie werden es nie bereuen.
Kein Vertreterbesuch!

Anmerkung der Verfasser: Dem Anschreiben liegt ein kleiner Fragebogen bei und eine Karte, mit der kostenlose weitere Informationen angefordert werden können.

Brief 13

Hallo!
Ich las Deine Anzeige in der WAZ. An ein Kennenlernen und eine weitere Freundschaft bin ich sehr interessiert. Ich bin gut 22 Jahre alt, 181 cm/75 kg, sehe nicht schlecht aus, und suche eine Freundin, die möglichst schlank sein sollte. Von Beruf bin ich Bäckergeselle und habe wegen der ungünstigen Arbeitszeit wenig Möglichkeit, Bekanntschaften zu schließen.
Ein Auto habe ich nicht, aber eine schöne und gemütliche Wohnung. Darf ich auf Antwort hoffen? Ich würde mich sehr darüber freuen.
Viele Grüße, Dein ...

Brief 14

Hallo!
Ich glaube, Deine Anzeige war ernst, denn ein Gefühl riet mir, Dir zu schreiben. Auch hoffe ich, daß Du mein Vertrauen nicht mißbrauchen wirst.
Am 16. April 1961 wurde ich in Hattingen (jetzt 73 kg leicht, 186 cm hoch), um ca. 16.00 Uhr auf diese manchmal lieblose und kalte Welt geholt. Nach ein paar Jahren Kindergarten, Schule, Lehre und Studium lernte ich meine erste Partnerin bzw. Verlobte kennen. Diese verlor ich leider nach einem Autounfall. Nach ca. Dreiviertel Jahr begegnete ich meiner zweiten Partnerin bzw. Verlobten, mit der ich vor ca. 2 1/2 Jahren nach dreieinhalbjähriger Bindung gebrochen habe.
Von Beruf bin ich Bautechniker, eine Arbeit, die mir viel Spaß macht. In meiner Freizeit treibe ich etwas Sport und Unterhaltung, z.B. Schwimmen, Fußball, Tanzen, Kino usw. Ich mag Grünpflanzen, Holz, Gemütlichkeit, Kinder und Tiere.
Als Partnerin wünsche ich mir eine Freundin, die ehrlich, lieb, gefühlvoll, selbstbewußt und fröhlich ist. Wenn Du also ein echtes Interesse an meiner Person hast, dann kannst Du mich am besten täglich zwischen 17.00 Uhr und 20.00 Uhr erreichen oder eine Nachricht hinterlassen.
Ich hoffe auf ein Zeichen von Dir. Es grüßt Dich ...

Die 22jährige Inserentin (eine Verwaltungsangestellte aus Mülheim an der Ruhr), die mit einer Flut von ähnlichen Zuschriften konfrontiert wurde (insgesamt meldeten sich 84 Personen!), war einerseits froh über die Menge der eingetroffenen Briefe, andererseits lösten zahlreiche Zuschriften bei ihr Kopfschütteln, Unverständnis und sogar Wut aus. Besonders ärgerte sie sich über die Unverfrorenheit des 53jährigen Verheirateten (Brief 10), der ihr genaue Anweisungen gab, wann sie ihn anrufen konnte und wann nicht. Ähnlich suspekt waren ihr der Frührentner und seine Rückenmassagen (Brief 3), der gestreßte Postfach-Detektiv (Brief 4) und der Mercedes-Fahrer mit Fischerhütte (Brief 9). Als unverschämt empfand sie zudem das Schreiben der Partnerschaftsvermittlung (Brief 12).

Der Grund für die vielen unpassenden und zweideutigen Zuschriften liegt jedoch zu großen Teilen bei der Inserentin selbst, die durch ihren allgemeinen und offenen Text – unbewußt – eine »Einladung für jedermann« formuliert hat.

So fehlen hier deutliche Hinweise auf eine Altersgrenze oder den sozialen Status. Man erfährt so gut wie nichts über die Inserentin oder über ihren Wunschpartner. Zudem wurde die Formulierung »für gemeinsame Aktivitäten« von manchem Briefeschreiber als Bereitschaft für ein sexuelles Abenteuer fehlinterpretiert (was vorher nicht abzusehen war).

Daß die Inserentin einen Großteil der eingegangenen Briefe aussortiert hat, versteht sich. Sie hat dabei aber nicht nur solche Zuschriften weggelegt, die aufgrund der angesprochenen Mißverständnisse jenseits ihrer Erwartungen lagen, sondern auch Briefe, die zwar die Welle und den Ton der Anzeige treffen, aber insgesamt schlecht und unzureichend geschrieben waren.

In unserem Beispiel gehören die Zuschriften 6 und 8 dazu, die im Umfeld der anderen Zuschriften untergehen, weil sie einfach zu kurz sind und nichts aussagen. Brief 11 vermittelt den Eindruck eines erfolglosen, enttäuschten Menschen, der konzeptionslos Daten aus seinem Leben aneinanderreiht. Der Hinweis auf 60-Kilometer-Marsch und Vereinszugehörigkeit steht hier wie ein Ausrufezeichen, kein Versager zu sein. Die Bemerkung über den Urlaub in Jugoslawien kommt sehr unvermittelt und ist für einen Brief ungewöhnlich.

Brief 5 verfehlte das Interesse der Inserentin, weil er insgesamt ein sehr einfaches Bild vom Leben und von den Ansprüchen des anderen vermittelt. Zudem steht der Satz »Rauche Pfeife und Zigarillos, trinke etwas Whiskey« an einer dermaßen hervorgehobenen Stelle, daß die Inserentin den Eindruck nicht ablegen konnte, es mit einem Kettenraucher zu tun zu haben.

In die engere Auswahl kamen die Zuschriften 1, 2, 7, 14 und 15. Brief 2 erscheint zwar sehr formal und irritiert durch den Hinweis auf das Muttermal am Po, dennoch kommt hier ein ausreichendes Gesamtbild herüber. Zuschrift 14 ist sehr kurz, überzeugt aber sprachlich durch seine präzisen, klaren Sätze. In den Briefen 1, 7 und 15 gefallen jeweils die persönlichen Bemerkungen, die über die reine Aufzählung und Reihung von Eigenschaften hinausgehen. Sätze wie »Da ich gerne nette Leute kennnenlerne, bin ich in meiner Freizeit meist in meinem Freundeskreis und in Diskotheken anzutreffen« oder Bemerkungen über die angestrebte Beziehung (»Als Partnerin wünsche ich mir eine Freundin, die ehrlich, lieb, gefühlvoll, selbstbewußt und fröhlich ist«) geben diesen Briefen eine individuelle Handschrift und die nötige Kontur.

Erfolg und Mißerfolg einer Zuschrift hängen – und das haben die oben genannten Beispielbriefe gezeigt – von zahlreichen Faktoren ab, von Details wie Anrede, Rechtschreibung oder Stil, von der Selbstdarstellung des Briefeschreibers, seinen Hobbys und Vorstellungen von einer gemeinsamen Beziehung – und nicht zuletzt vom Gesamteindruck, den ein Brief vermittelt. Von dem, was zwischen den Zeilen herüberkommt.

Wir wollen Ihnen deshalb in den folgenden Kapiteln Möglichkeiten aufzeigen, wie Sie unter Beachtung einiger weniger Regeln zu möglichst guten und erfolgreichen Zuschriften kommen können, vor allem aber, wie Sie die nötige Kontur erreichen, damit sich Ihr Brief von den übrigen Zuschriften abhebt – und dem Leser/der Leserin positiv auffällt.

Die Vorteile einer Zuschrift

Wenn Sie sich für die Möglichkeit entscheiden, Ihre Partnersuche per Zuschrift einzuleiten, haben Sie gegenüber einem Inserenten den Vorteil, Ihre Wünsche und Vorstellungen nicht auf Spaltenbreite und Zeilenlänge abstimmen zu müssen, sondern Ihren Brief nach Lust und Laune – vor allem aber ausführlich und detailliert – gestalten und schreiben zu können. Schon die äußere Form Ihrer Zuschrift – das Briefpapier (Recycling oder gebleicht; weiß oder farbig; mit gedruckter oder persönlich angefertigter Zeichnung), eine Postkarte (mit einem auf das Inserat abgestimmten Motiv oder Motto), Ihre Handschrift (krakelig, unruhig oder einfach schön und gut lesbar) – spiegelt dabei einen Teil Ihrer Persönlichkeit. Sie können Ihrem Brief ein Bild beilegen, ein Gimmick (wie gepreßte Blumen oder eine Rezension Ihres Lieblingsfilms), Sie können sich als Ästhet, Sensibelchen, als origineller und findiger Kopf, als Witzbold oder Langeweiler zeigen, noch bevor ein Leser überhaupt eine einzige Zeile Ihrer Zuschrift gelesen hat.

Für Sie als Verfasser ist das eine große Chance, denn Sie können sich mit Ihrem Brief eindrucksvoll präsentieren und ins rechte Licht setzen. Und Sie müssen das auch, denn Ihr Brief ist für den Leser der erste Kontakt mit Ihnen, das erste Signal und »Lebenszeichen«. So wie Sie den anderen durch dessen Inserat kennengelernt haben, lernt der Inserent Sie nun durch Ihren Brief kennen. Und dieser wird umso erfolgreicher sein, je mehr es Ihnen gelingt, dem anderen ein Bild von sich zu machen.

Seltsamerweise beherzigen aber die wenigsten Inserenten diese Regel. Im Gegenteil: sie verweigern geradezu Informationen über sich selbst, entweder aus einer gewissen Schreibfaulheit heraus:

> *High, ich bin 34, ca. 180 m. Wenn Du trotz der wenigen Angaben Interesse hast, mich kennenzulernen, schreib' mir mal.*

oder aus einer falschverstandenen Taktik, Neugier zu erwecken:

> *Hallo,*
> *ich fange gar nicht erst an zu beschreiben, ob und wie ich unkonventionell bin oder nicht, ein Urteil mußt Du Dir schon selbst bilden.*
> *Wenn Du neugierig bist, ruf doch einfach mal an, meinetwegen auch später am Abend. Denn ein wirkliches Kennenlernen gibt's erst bei einem ersten Hören und Sprechen.*
> *Vielleicht auf bald*

Ein Brief ist aber nicht nur Spiegel und Vehikel Ihrer Persönlichkeit, er ist auch eine besondere Textform, die ähnlich wie eine Kontaktanzeige nach bestimmten Regeln funktioniert. So enthält ein Brief Standardinformationen wie Adresse, Absender, Datum oder »Betreff«-Vermerk, außerdem eine klare Gliederung: Zumeist eine kurze Einleitung mit Bezug auf das jeweilige Inserat, einen längeren Hauptteil mit der eigentlichen Selbstdarstellung und einen Schlußsatz, der die Hoffnung auf ein mögliches Treffen ausdrückt.

Damit die Kommunikation klappt, muß der Verfasser eines Briefes zumindest im groben diese Regeln einhalten. Anderenfalls fällt er negativ auf und hinterläßt keinen besonders guten Eindruck beim Leser.

Wir wollen deshalb im folgenden ein paar Grundregeln auflisten, die Sie beim Verfassen einer Kontaktanzeigen-Zuschrift unbedingt beachten müssen. (Über die Gliederung schreiben wir gesondert auf den Seiten 117 ff.)

Grundregeln für eine Kontaktanzeigen-Zuschrift

• Machen Sie vor der Reinschrift Ihres Briefes einen Entwurf, der die wichtigsten Informationen (siehe auch das Kapitel »Was ein Inserat unbedingt enthalten muß« auf Seite 44) über Sie enthält: Alter, Größe, Gewicht, Beruf, Familienstand (auch eventuelle Scheidungen), Kinder (bei Ihnen oder bei Ihrem geschiedenen Partner lebend), Äußeres, Eigenschaften, Hobbys, Interessen, Vorstellungen vom Leben und Zusammenleben, angestrebte Bindung, Erreichbarkeit (Telefon, abends, am Wochenende etc.).

Sie können für den Entwurf Ihres Briefes ein ähnliches Brainstorming versuchen, wie wir es auf Seite 58ff. beschreiben, oder auf die Wortlisten unseres Lexikons (Seite 63ff.) zurückgreifen.

• Schreiben Sie Ihren Brief etwa zwei Seiten lang! Wir haben die Erfahrung gemacht, daß die meisten Zuschriften nur eine Seite lang sind, was kaum Möglichkeiten einer vernünftigen Selbstdarstellung zuläßt. Wenn Sie sich etwas mehr Mühe machen (und Ihr zukünftiger Partner sollte es Ihnen wert sein), fallen Sie mit einem zweiseitigen Brief einfach positiver auf. Schon deshalb, weil Sie nicht als schreibfaul gelten, sondern den Eindruck erwecken, sich mit Ihrer Zuschrift dem anderen wirklich öffnen zu wollen. Es gibt fürchterlich lieblose Zuschriften, die eilig auf ein Ringbuchblatt oder eine Postkarte geschrieben wurden und in dieser Flüchtigkeit sehr unpersönlich wirken. Ein Leser kann aber genau spüren, ob sich ein Verfasser mit Ruhe an seinen Schreibtisch gesetzt hat, um individuell auf ein Inserat zu reagieren, oder ob jemand ein paar belanglose Sätze dahingeschludert hat, in der Hoffnung, damit irgendwo hängenzubleiben. Andererseits wirken zu lange Briefe (Drei- oder Vierseiter) oft langatmig und schwafelig. Sie ermüden den Leser und machen ihn, insbesondere wenn er viele Zuschriften erhalten hat, lesefaul.

Wer mittels Zuschrift einen Partner sucht, muß sich genau darüber im klaren sein, daß er viel Zeit und Liebe mitbringen muß, damit seine »Visitenkarte Brief« Erfolg hat. Wer dazu nicht bereit ist, nicht die Konzentration oder den Willen hat, sollte besser ein Inserat aufgeben als selber zu schreiben.

• Schreiben Sie keine Einheitsbriefe! Nichts ist für einen Leser abstoßender, als wenn er den Eindruck hat, ein Verfasser habe seine Zuschrift ein Dutzend Mal in derselben Form auf den Weg gebracht. Man erkennt solche Briefe leicht, wenn sie mit dem Computer ausgedruckt werden oder gar fotokopiert sind.

In der Regel sind solche Briefe aber auch über den Inhalt auszufiltern. Der Verfasser hält seine Zeilen immer sehr allgemein und setzt lediglich das Datum oder die Chiffrenummer (manche verzichten sogar auch darauf!) mit der Hand oder der Schreibmaschine ein. In keiner Zeile geht er aber auf den Inhalt des Inserats ein, so daß sein Brief eigenartig beziehungslos dasteht.

Ein typisches Beispiel für einen solchen Standardbrief (der Verfasser scheint sich auf Frauen spezialisiert zu haben, die neu in eine Stadt gezogen sind):

> *Guten Tag.*
> *Ich bin ein Typ, der paßt zu allem. Zurück von einem längeren Auslandsaufenthalt, versuche auch ich, einen neuen Freundeskreis, vor allem aber eine nette Freundin zu finden. Vielleicht bist gerade Du der Deckel zu meinem Topf.*
> *Ich bin dunkelblond, 182 cm groß, 80 Kilogramm schwer (das ist wenig bei 182!), immer lustig und einfallsreich, sportlich – alles*

bis auf Fußball, mag am liebsten Surfen, Segeln und Tauchen.
Ich wohne seit drei Wochen in einem schönen Appartement auf dem Frankfurter Ring (7. Etage mit toller Aussicht). Die Reize dieser Stadt muß ich aber noch kennenlernen und würde dies sehr gerne mit Dir tun.
Bitte ruf mich mal an

Eine immerhin humorvollere Art (für den, der es mag) hat folgender Computerbrief, der auf den ersten Blick die ihm innewohnende Unpersönlichkeit kaschiert:

Sehr geehrte Dame,
unsere individuell für Sie durchgeführte Computeranalyse hat mit Unterstützung des FBI herausgefunden, daß nur Herr Peter Dreesen der von Ihnen gesuchte Mann sein kann.
Da Herr Dreesen zur Zeit als Verkäufer für Tarnkappen beruflich unterwegs ist, sind wir leider nicht in der Lage, Ihnen ein Foto von ihm zuzusenden. Intensive Nachforschungen unsererseits sowie befreundeter Detekteien lassen auf folgendes Aussehen schließen:

Anmerkung der Autoren: Im folgenden hat der Verfasser anstelle eines Fotos ein kleines, schwarzes Strichmännchen gezeichnet, das er mit kurzen Sätzen und graphischen Pfeilen detailliert charakterisiert.

Pfeil auf Stirn: Einbildung ist auch eine Bildung
Pfeil auf Augen: Er trägt eine allseits bewunderte Brille
Pfeil auf Nase: Mal hochnäsig und mal verschnupft
Pfeil auf Mund: Bier und Milch oder lieber Bier?
Pfeil auf Oberkörper: Brustmuskulatur: Nicht nur Schwarzenegger lacht darüber! – Brusthaar: Wer suchet, der findet
Pfeil auf Bauch: 224,6 Gramm Übergewicht
Pfeil auf Genital (das schwarz übermalt ist): Wau! Leider zensiert!
Pfeil auf Beine: gut durchtrainiert, da militanter Radfahrer
Pfeil auf Füße: platt!

Herr Dreesen ist Bundesvorsitzender des Arbeitskreises zur Abschaffung des Artikels 33 Abschnitt 5 Grundgesetz. Herr Dreesen ist zwar nie erreichbar, aber er wartet schon sehnsüchtig auf Ihren Anruf unter ...
Mit freundlichen Grüßen
P.S.: Dieser Brief wurde per EDV erstellt und trägt daher keine Unterschrift.

• Gehen Sie auf den Inhalt einer Anzeige ein! Greifen Sie zwei oder drei Stichwörter aus dem Inserat auf und thematisieren Sie diese eigens in Ihrem Brief. Wenn jemand in seiner Anzeige schreibt, daß er Elton John mag (und Sie auch), so sollten Sie von der LP »Goodbye Yellow Brick Road« schwärmen, von Eltons Konzert »A Single Man« oder vielleicht aus dem Text von »Your Song« zitieren.

Sie können aber auch in der Anrede auf das Inserat anspielen (zum Beispiel »Lieber Gourmet« – wenn jemand sich als Liebhaber der französischen Küche ausgibt). Je mehr der Eindruck entsteht, daß Sie sich intensiv mit dem Text eines Inserenten auseinandergesetzt haben, desto persönlicher und symphatischer wird Ihre Zuschrift wirken.

• Halten Sie sich mit Beschreibungen Ihres Wunschpartners zurück. Das Inserat des anderen sollte ausgereicht haben, um Ihnen ein erstes Bild zu vermitteln. Ihr Brief muß jetzt umgekehrt dem Inserenten ein Bild von Ihnen geben. Sobald Sie Wünsche an den anderen stellen (»Na, wie soll sie wohl aussehen, die Frau, von der ich träume? – Es ist eine schlanke Frau mit knackigem Po und ganz viel Lust«), laufen Sie Gefahr, daß Ihr Wunschbild nicht paßt und der Inserent Ihren Brief ausfiltert.

• Seien Sie vorsichtig mit Bemerkungen über Erotik und Sex! Der Großteil der Inserenten tabuisiert dieses Thema und spricht es einfach nicht an. Umso auffälliger wirken deshalb Textpassagen, die in Sachen Erotik kein Blatt vor den Mund nehmen. Man kann hier zwar sehr charmant und unaufdringlich formulieren (»Voilà: Moi, 42 mit einem zweieinhalbjährigen Sohn. – Also: Handwerk für mich kein Problem« oder »Schoko-Crossies vom Ohrläppchen abknabbern oder Sekt aus dem Bauchnabel zu »schlürfen« wären für mich schöne Dinge«), in der Regel wirken die Schreibversuche aber oft platt und relativ niveaulos:

Ich habe Deine Anzeige gelesen und frage mich, welche Art von Aktivitäten Du eigentlich meinst. Wenn Du Dir dasgleiche darunter vorstellst wie ich, dann sind wir uns bestimmt schon einig. Ich treibe nämlich aktiv »Sport« – so, wie er sicherlich am schönsten ist. Ich hoffe, Du verstehst, was ich damit meine ...

Oder die Zuschrift eines Inhaftierten, der einer 13 Jahre älteren Frau schreibt:

Du fragst Dich bestimmt auch, was will so ein junger Typ von Dir. Aber meine Vorzüge muß ich wohl nicht lange erklären. Ich lasse mir zwar auch noch einiges zeigen, habe aber ein Menge zu bieten! Und unser beider Power zusammen, das gibt einen Knall!!! Denn ich habe nach 18 Monaten einiges nachzuholen, in allen Belangen.

Sollte allerdings das Inserat, auf das Sie antworten, eindeutig auf ein erotisches Miteinander abzielen, sollten Sie kein Blatt vor den Mund nehmen. Das Beispiel einer Anzeige (aus einer alternativen Stadtzeitung; Rubrik »Sex«):

> Verheirateter Mann, 38, mit Haus, 6jährigem Sohn und attraktiver Ehefrau sucht verheiratete Ehefrau aus ähnlich bürgerlichem Leben, die einmal im Monat einen Tag lang eine andere sein will.

Die zugehörige Antwort (geschrieben auf die Rückseite einer Postkarte mit dem Motto »Unterschätze nie den Einfluß einer Frau!«):

Hi, schöner (?) Unbekannter, eigentlich hast Du ja alles, was Du brauchst (Haus, Frau, Kind), und doch fehlt Dir was! Das kann ich gut verstehen, denn mir ging es auch nicht anders. Aber vor

ca. einem Jahr habe ich beschlossen, mein Leben selbst zu bestimmen und führe seitdem ein lustvoll-erotisches Doppelleben. Neugierig?
Telefonisch kannst Du mich nur (gefahrlos!!) Mo. bis Fr. ca. 13 Uhr unter ... erreichen. Vielleicht bis bald.
P.S.: Ich? Wer ich bin? Ich heiße Karin, bin (noch) 35 Jahre, verheiratet und habe drei Jungs (5, 7, 9). Gut, was?!!

• Fordern Sie den Leser nicht auf, schriftlich mit Ihnen Kontakt aufzunehmen. In zahlreichen Zuschriften haben wir immer wieder Sätze wie die folgenden gefunden:

Sollten auch Sie an einer Kontaktaufnahme interessiert sein, würde mich das freuen. Teilen Sie mir doch dann kurz bitte mit, wann und wo ich Sie zu einem Gespräch aufsuchen darf.
Falls Sie mir Ihre Telefonnummer geben möchten, rufe ich zwecks Terminabsprache gern zurück. Auf baldige Antwort hoffend, verbleibe ich mit freundlichen Grüßen

Es ist sehr unwahrscheinlich, daß ein Inserent, der eine Vielzahl von Zuschriften erhält und darauf nur mit einem Telefonanruf reagieren muß, seinerseits wieder umständlich zur Feder greift und wartet, bis der andere zurückruft (oder gar persönlich erscheint). Gerade dies will er ja durch das Aufgeben eines Inserats vermeiden!

• Vermeiden Sie in Ihrer Zuschrift konkrete Vorschläge für ein erstes Treffen. Der Zeitpunkt hierfür ist das erste Telefonat und nicht bereits die Zuschrift. Wer gegen diese Regel verstößt, wirkt voreilig und allzu bemüht. Ein abschreckendes Beispiel:

Ich hoffe, daß ein Treffen mit uns zustande kommt. Du mußt mir nur schreiben, ob Du an einem gemeinsamen Treffen mit mir interessiert bist. Falls das der Fall sein sollte, schreibe mir bitte, wo es stattfinden würde (Adresse, Datum, Uhrzeit usw.). Wenn wir uns verabreden, können wir alle anderen Dinge mit-

einander besprechen (Hobbys usw.). Schreibe mir bitte bald einen Brief, damit ich eventuell auf ein gemeinsames Zusammen hoffen und mich freuen kann.

• Sorgen Sie für Erreichbarkeit! In der Regel wird ein Inserent auf Ihre Zuschrift telefonisch antworten. Sie sollten deshalb einen Anrufbeantworter besitzen oder genau vermerken, an welchen Tagen Sie um welche Uhrzeit zu Hause (oder in Ihrem Büro) sind. Ein Inserent wird sich an diese Zeitvorgaben halten.

Da ein Anrufbeantworter immer etwas unpersönlich wirkt und manchen Inserenten abschreckt (er gibt seine Anonymität auf, sobald er seine Telefonnummer auf Ihr Band spricht), sollten Sie in Ihrem Brief in einem kurzen Satz darauf hinweisen, zum Beispiel so:

Während meiner Abwesenheit habe ich zu Hause einen Anrufbeantworter eingeschaltet. Bitte erschrick nicht.

oder so:

Einen Anrufbeantworter habe ich aus beruflichen Gründen. Wenn Du die Dinger nicht so gut findest, erreichst Du mich auch unter ... von 8.00 bis 14.00 Uhr.

Auf keinen Fall sollten Sie auf eine Kontaktanzeige schreiben und anschließend in Urlaub fahren oder auf eine Dienstreise gehen. Hier hilft auch ein Hinweis wie »Bin von Mitte bis ca. Ende März in München, also erst im April wieder da« nicht. Ein Inserent wird Ihren Brief dann wie eine Nachzügler-Zuschrift behandeln, alle anderen interessanten Schreiben aber vorziehen.

• Geben Sie immer Ihre volle Adresse an. Dies ist nicht nur ein Gebot der Seriösität, sondern auch Grundlage dafür, daß ein Inserent Ihre Zuschrift bei Nichtgefallen zurückschicken kann. Daß viele Verfasser keine Reaktionen auf ihre Briefe erhalten, liegt nicht zuletzt daran, daß sie nur ihre Telefonnummer als Absender vermerkt haben. Kein Inserent wird sich aber in ein Telefonat verstricken wollen, bloß um die Adresse für die Retourpost herauszubekommen.

Wer seine Adresse durch ein Postfach oder den Hinweis »postlagernd« tarnt, erweckt den Eindruck, als hätte er etwas (und meist ist es der Ehepartner) zu verbergen. Hier sollte der Inserent sehr skeptisch sein und nicht unbedingt aufrichtige Absichten vermuten.

• Lassen Sie Ihren Brief von einem Freund oder einer Freundin gegenlesen, wenn Sie Schwierigkeiten mit der Rechtschreibung haben. Auch wenn Sie Ihrem zukünftigen Partner diesen kleinen Trick irgendwann einmal gestehen müssen, trügt zumindest der erste Eindruck Ihres Briefes nicht. – Sie ahnen nicht, wie fehlerhaft manche Zuschriften sind und wie schnell diese Briefe aussortiert werden, weil der Leser von den Fehlern und Flüchtigkeiten darin oft auf die gesamte Person schließt.

Die Form der Zuschrift

So profan es klingen mag, daß Kleider Leute machen, so wahr ist es, daß die Form einer Zuschrift ihren Verfasser charakterisiert, noch bevor ein Leser nur eine einzige Zeile des Briefes wahrgenommen hat. Dies sind Äußerlichkeiten, gewiß, aber bei 50 oder 60 Briefen, die ein Inserent manchmal auf eine einzige Kontaktanzeige erhält, verschwimmen naturgemäß die Inhalte und Bilder, die man sich von den Verfassern macht. Den ersten Eindruck der »Visitenkarte Brief« einprägend und nachhaltig zu inszenieren, ist deshalb ein wichtiges und erfolgversprechendes Mittel.

Die meisten Antwortbriefe werden auf weißem Papier geschrieben und sind zweimal gefaltet, da sie in weißen 11 x 16 cm-Umschlägen liegen. Sich davon abzuheben, gelingt leicht durch das großzügiger wirkende 11 x 22 cm-Format und durch ein Briefpapier, das farbig ist. Sie können den Eindruck von Gediegenheit und Seriösität erwecken, wenn Sie Marken-Briefpapier (eventuell mit Wasserzeichen) verwenden oder sogar Ihren Briefkopf eindrucken lassen. Recyclingpapier signalisiert das ökologische Bewußtsein des Absenders. Papier, das mit gedruckten – oder persönlich angefertigten – kleinen Zeichnungen verziert ist, zeigt Sensibilität für Künstlerisches oder zumindest Kunsthandwerkliches.

Schreiben Sie auf keinen Fall Ihre Zuschriften auf gelochtes oder kariertes Ringbuchpapier (so etwas gibt es leider häufig!). Das wirkt unordentlich und schülerhaft. Schreiben Sie auch nicht auf DIN-A5-Blättern – das wirkt bescheiden und kleinlich.

Je nach Anzeige können Sie auch originelle und individuelle Formen ausprobieren. So erhielt eine Finanzbeamtin eine Zuschrift auf einer Zahlkarte (auf der die Adresse des Verfassers rückseitig eingedruckt war); ein Physikstudent schrieb einer Physikstudentin drei glühende Seiten auf der Rückseite von Kopien seiner Seminararbeit, ein anderer wählte die Rückseite eines geschmackvollen Geschenkpapiers als Schreibgrundlage, faltete das DIN-A3 große Blatt auf Briefgröße und versiegelte es am Ende.

Persönlichkeit zeigt aber auch das Abfassen einer Zuschrift auf einer Postkarte oder auf einer selbstgemachten Fotografie. Das gewählte Motiv (oft sind es Stilleben, Fotos von Cafés oder Aufnahmen, die mit Zweisamkeit zu tun haben (verliebte Paare, Spaziergänger in Parks etc.) transportiert unauffällig das ästhetische Empfinden des Absenders und schafft einen visuellen Reiz, dem der Inserent bei der Vorauswahl der Zuschriften in der Regel nicht widerstehen kann. Der Nachteil: Sie haben nur wenig Raum für Ihren Text. Was Sie wettmachen können, indem Sie auffaltbare Karten (mit insgesamt drei DIN-A6-Flächen) kaufen oder an die Postkarte ein Leporello kleben, das Sie wie eine Zieharmonika zusammenfalten.

Abraten würden wir allerdings von Postkarten, auf deren Vorderseite ein Motto (zum Beispiel »Laß mal was von Dir hören!« oder »Liebe bedeutet, niemals um Verzeihung bitten zu müssen«) abgedruckt ist. Dies ist nur scheinbar individuell, weil Sie Fremdformulierungen als Ihr eigenes Sprachrohr benutzen – und wirkt überaus abgegriffen, wenn nur ein einziger Mitkonkurrent etwas Ähnliches gemacht hat.

Manche Verfasser demonstrieren Ihre Originalität durch ausgefallene Gimmicks. Sie legen einen Wollfaden ihres Pullis, eine Hutfeder, ein »Mon Chérie«, eine Trockenblume oder zwei Murmeln in ihren Brief. Das wirkt persönlich und schafft Nähe. Andere legen eine Audiokassette oder gar ein kurzes Video bei. Das kann bombastisch und etwas protzig wirken (weil es wirklich selten geschieht), kann aber auch gerade der entscheidende Kick sein, um in die engere Auswahl zu kommen.

Unterschätzen Sie bei der Gestaltung Ihrer Zuschrift auch nicht das Kuvert. Es ist ein eher unscheinbares und beiläufiges Vehikel, aber immerhin doch die Verpackung Ihres Briefes. Als solche kann sie dezent getönt sein oder kleine Verzierungen haben (Muster, Ranken u.ä.). Es sollte in klarer Schrift die Chiffrenummer des Inserats und den Tag der Veröffentlichung, den Namen und die Adresse der Zeitung sowie Ihre Absenderangabe tragen.

Sehen Sie von weiteren Zusätzen (zum Beispiel »Bitte antworte mir in jedem Fall«) und kreativen Eingriffen ab. Keine Parfümierung! Das wirkt billig. Auch keine Übergrößen aus Gründen der Originalität. Das fällt im Kontext der anderen Zuschriften eher negativ auf. Legen Sie Ihrem Brief auch keinen Freiumschlag bei. Das wirkt zwar höflich, aber auch ebenso steif.

Schreiben Sie Ihre Zuschrift möglichst nicht mit einer Schreibmaschine oder einem Computer. Das wirkt sehr formell und offiziell. Wenn Sie sich Mühe geben, wird auch Ihre ansonsten vielleicht eher schlechte Handschrift leserlich sein. Die Chance der Handschrift besteht darin, Ihrem Brief Individualität und Kontur zu verleihen.

Das klassische Schreibgerät für einen Brief ist der Füllhalter. Er unterstreicht den Charakter Ihrer Handschrift am besten und gibt Ihren Zeilen am meisten Persönlichkeit. Ein Kugelschreiber ist ebenso angemessen, aber er drückt sich manchmal durch das Papier, wirkt insgesamt etwas unschöner. Verbannen sollten Sie Filzschreiber und Bleistifte. Sie erwecken den Eindruck von Schule und Studium. Der kreative Spielraum bei der Wahl des Schreibgeräts ist begrenzt, da in erster Linie die Lesbarkeit entscheidend ist. Gelungen fanden wir die Zuschrift einer Kunststudentin, die mit mehreren Buntstiften arbeitete und alle drei Zeilen die Farbe wechselte. Dieser Brief paßte ideal zu ihrem Text, der mit dem Schlußsatz endete: »Ich würde mir wünschen, daß unsere Beziehung so bunt würde wie mein Brief.«

Das Foto

So gut und originell Ihr Brief sein mag, so komplettiert erst ein Foto von Ihnen das Bild, das der Leser benötigt, um seine Entscheidung für oder gegen Sie zu treffen. Sie mögen dabei Zweifel oder Ängste hegen – daß Sie eigentlich anders (besser) aussehen als auf dem Foto oder jemand aus Ihrem Bekanntenkreis Sie erkennen könnte (was peinlich wäre) –, Sie mögen es prinzipiell ablehnen, sich von Äußerlichkeiten abhängig zu machen: die Erfahrung zeigt aber, daß Zuschriften mit Bild die meiste Beachtung finden und (sofern Ihr Konterfei dem anderen zusagt) zu einer Eintrittskarte für das erste Treffen werden. Oft läßt sogar ein positives Äußeres den Leser über einen nur durchschnittlichen Briefinhalt hinwegsehen. Legen Sie deshalb jeder Zuschrift – auch unaufgefordert – ein Bild von sich bei.

Aber auch, wenn Sie gerade wegen Ihres Fotos nicht die Gunst des Inserenten gewinnen können, müssen Sie diese Tatsache als Vorteil sehen, denn das erspart Ihnen später Enttäuschungen.

Für die Auswahl eines geeigneten Fotos gilt grundsätzlich das Gebot der vernünftigen Selbsteinschätzung. Hierzu gehört, daß Sie ein

A

B

C

D

Abbildungen A bis D: Vier Fotos derselben Person – mit jeweils unterschiedlicher Wirkung

aktuelles Foto wählen (auch wenn Sie darauf älter aussehen als vor drei Jahren!), vor allem aber, daß Sie ein nicht zu schmeichelhaftes Bild aussuchen. Insbesondere Fotolabors neigen dazu, Sie zu »inszenieren« und optisch aufzupeppen. Es nützt aber kaum etwas, Ihre Schokoladenseite zu präsentieren, wenn der Inserent diese später im Alltag nur noch mühsam finden kann. Darüber hinaus wirken Atelierfotos steril und künstlich.

Viele Briefeschreiber legen ihrer Zuschrift ein Automatenfoto bei, das vielleicht ganz gelungen und treffend aussehen mag, in der Regel aber an Paß und Personalausweis bzw. Bewerbungsschreiben erinnert. Meiden Sie solche Automatenportraits. Sie wirken nicht persönlich genug. Außerdem zeigen Sie nur Ihr Gesicht und ein Stück Ihres Oberkörpers.

Den sympathischsten Eindruck erwecken Sie beim Leser durch ein Ganzfoto (möglichst 10 x 15 in Farbe), das Sie und ein Stück Ihres Alltags zeigt. Solche Aufnahmen entstehen oft zufällig – im Urlaub, auf Ausflügen oder bei Partys – und zeigen Sie am natürlichsten. Wenn Sie Ihr Fotoalbum oder Ihre Fotokiste daraufhin einmal durchsehen (unscharfe oder falsch belichtete Motive selbstverständlich aussondern!), können Sie vielleicht fündig werden.

Notfalls bitten Sie einen guten Freund oder eine gute Freundin, Sie einmal 36 Aufnahmen lang (oder mehr) mit dem Fotoapparat zu begleiten. Stellen Sie dabei die Aufnahmesituationen so wenig wie möglich und schauen Sie ruhig einmal woanders hin als immer nur in die Optik der Kamera.

Suchen Sie aus Ihren Lieblingsmotiven eine Halbtotale aus, die Ihr Gesicht genügend nah zeigt, aber auch noch einen Eindruck von Ihrer Figur läßt. Für die Kleidung und das Make-up gilt: Übertreiben Sie nicht. Zeigen Sie eher Ihren Alltags- als Ihren Ausnahmekörper. – Understatement zahlt sich durch den positiven Überraschungseffekt beim ersten Treffen mehr aus als umgekehrt!

Damit Ihnen die Fotos im Laufe Ihrer Partnersuche nicht ausgehen, sollten Sie 20 oder 30 Abzüge von Ihrem Lieblingsbild machen lassen. Notieren Sie auf der Rückseite Ihren Namen und Ihre Adresse. Falls der Leser aus irgendwelchen Gründen Fotos und Briefe durcheinanderbringt, beugen Sie auf diese Weise falschen Zuordnungen vor.

Wir haben auf den Seiten 120 und 121 vier verschiedene Fotos zusammengestellt, die dieselbe Frau zeigen – mit jeweils unterschiedlicher Wirkung. Das Paßfoto (A) stammt aus einem Automaten und spiegelt sehr authentisch die Verkrampftheit der Aufnahmesituation. Das Lächeln wirkt gewollt und puppenhaft; die Gesichtshaltung ist unnatürlich und standardisiert. Bild B wurde von einem Fotostudio aufgenommen; es zeigt die Frau in bestem Kunstlicht, mit einer Mondrian-Kulisse und in überaus erotischer Pose. Sicherlich hätte sie mit diesem Foto durchschlagenden Erfolg bei Inserenten, aber die Assoziationen gehen in eine Richtung, die dem Wesen der Dame nicht gerecht werden.

Natürlich und eher dem Alltag entsprechend sind die Fotos C und D. Motiv C wurde auf einer Feier aufgenommen und zeigt das Ausgehgesicht: elegant, aber nicht über die Maßen aufgemacht. Bild D dagegen stammt von einer privaten Weihnachtsfeier. Hier gefallen das offene Lachen und die positive Ausstrahlung. Dieses Foto bringt sie dem Inserenten sehr nahe, weil es alltäglich und sympathisch wirkt.

Natürlich können Sie mit der Auswahl Ihrer Fotos auch kreativer umgehen und sie besonders auf das Inserat abstimmen. Sie können Fotos mit Grimassen von sich einschicken, Babyfotos, Fotos, die Sie nur von hinten zeigen – oder ein Foto Ihres Hundes in Ermangelung eines eigenen Konterfeis. Ob das passen mag, müssen Sie mit viel Gespür dem Inseratstext entlocken. Verschätzen Sie sich, so fallen Sie schrecklich auf die Nase, liegen Sie mit Ihrer Einschätzung richtig, können Sie glänzende Erfolge feiern. Lesen Sie hierzu einmal den Brief auf Seite 137.

Wenn ein Inserent auf einer Bildzuschrift besteht, sollten Sie diesem Wunsch in jedem Fall entsprechen. Ausreden wie »Gern würde ich ein Foto mitschicken, wenn ich ein aktuelles hätte. Habe ich aber nicht« oder »Ein Foto von mir lege ich absichtlich nicht bei, damit Du Dir selbst ein Bild machen kannst« haben hier keinen Sinn und führen gnadenlos zum Ausschluß.

Unpassend sind auch Kommentare wie »Hier ein Bild von mir, das allerdings schon ein Jahr alt ist. Inzwischen bin ich also noch erwachsener oder reifer« oder »Erschrecke bitte nicht über mein Bild. Es stammt aus meinen Bewerbungsunterlagen; sieht ein bißchen doof aus, ich weiß«. Wer dies wissend eingesteht, sollte nicht wider besseren Wissen handeln und sich und dem Leser Halbheiten zumuten. Warten Sie statt dessen lieber ein paar Tage länger mit Ihrer Zuschrift. Aber starten Sie optimal vorbereitet – was heißt: mit dem bestmöglichen Foto.

Die richtige Anrede

Zu den gängigsten Anreden in einem Antwortbrief gehört das schlichte »Hallo!«. Es wirkt moderner als das konventionelle »Sehr geehrte Dame« oder »Sehr geehrter Inserent« und läßt in vielen Fällen einen natürlichen Übergang zur eigentlichen Aussage des Briefes zu (zum Beispiel »Hallo, ich heiße Mike, bin 28 Jahre, 178 cm groß ...«).

Zu vertraut und platt erscheinen dagegen Wendungen wie »Hallo Du«, »Hallo Traumfrau« oder »Hey, 24jährige«, die zumeist von Jugendlichen benutzt werden, die sich spontan und impulsiv ihrer Alltagssprache bedienen. Auf einen reifen Leser, der auf Form und Niveau Wert legt, wirken solche Formulierungen abweisend.

Das einfache »Guten Tag« ist neben dem »Hallo« ebenfalls sehr beliebt. Durch seine Natürlichkeit wirkt es sympathisch, vor allem wahrt es einen höflichen Abstand zum Leser. Anreden wie »Verehrte Inserentin« oder »Sehr verehrte Unbekannte« lesen sich etwas steif, zeigen aber ebenfalls eine wenig aufdringliche und eher sachliche Haltung. Das vertraute »Liebe Unbekannte« oder »Liebe Inserentin« mag im ein oder anderen Fall seine Wirkung haben, erscheint uns für einen ersten Antwortbrief jedoch eine Spur zu nah und intim.

Manche Inserate provozieren eine Anrede, die einen originellen Bezug auf den Inhalt des Textes nimmt. Dies wirkt sympathisch und frisch, wie das Beispiel der »langbeinigen Beamtin« zeigt.

> Langbeinige Beamtin (27) mit langweiligem Bekanntenkreis sucht flippigen Freund bis 35, der mit mir durchs Leben bummelt. Chiffre: »Karussell fahren«

Die Anreden reichten bei dieser Anzeige von »Liebe Langbeinige« über »Unkonventionelle Beamtin!«, »Liebe Gelangweilte« und »Hallo Langbein« bis zu »Liebe Staatsdienerin« und »Hi, Karussell«.

Zu den Unhöflichkeiten vieler Briefeschreiber gehört das Weglassen von Anreden. Es läßt in vielen Fällen auf Personen schließen, die sich nur bedingt in den anderen einfühlen können und die Regeln des Miteinander nicht oder nur wenig beherrschen.

Briefanfänge

Wer Briefe an Freunde oder Bekannte schreibt, wird auf sein Gegenüber in der Regel individuell eingehen. Der Schreibende kennt seinen Leser, hat Gemeinsames mit ihm erlebt, Privates mit ihm ausgetauscht und im Laufe der Zeit eine Beziehung zu ihm entwickelt, die einen ganz persönlichen Schreibstil und einen ganz persönlichen Ton zulassen. Wer auf ein Inserat antwortet, hat diese Beziehung nicht. Er hat – mit Ausnahme von wenigen Fakten – nicht einmal ein vollständiges Bild vom anderen. Was es schwierig macht, nicht pauschal zu schreiben und durch die Glätte und Unverbindlichkeit eines solchen Briefes am anderen vorbeizuzielen. Viele Briefanfänge sind sehr formal gehalten, wirken umständlich und erinnern in ihrem Ton an einen Firmenbrief oder an ein Bewerbungsschreiben:

> *Sehr verehrte Dame,*
> *aufgrund Ihrer Anzeige in den Göttinger Nachrichten erlaube ich mir die Bitte, Sie kennenlernen zu dürfen.*

> *Sehr geehrte Inserentin,*
> *da ich beruflich oft in Streßsituationen gerate und viel unterwegs bin, antworte ich auf Ihre Bitte in der Offerte »Betr.: Bekanntschaften« und lasse im folgenden meine Gefühle zur Antwort kommen.*

Von solchen Briefeinstiegen möchten wir abraten, ebenso von Formulierungen, die die Schwierigkeiten eines Antwortschreibens zum Thema der ersten Zeilen machen:

> *Hallo Du,*
> *Ich hoffe, Du verzeihst mir, daß ich nicht genau weiß, was ich Dir schreiben soll. Ich fand Deine Anzeige sehr gut. Es hat mir gefallen, wie offen Du inserierst. Zuerst habe ich mich gar nicht getraut, Dir zu schreiben ...*

Hallo, unbekannte Frau!
Ich habe im Marabo-Magazin Deine Anzeige gelesen. Sie wirkt auf mich, aber wie antwortet man auf eine solche? Ich behaupte fast, daß es einfacher ist, eine Anzeige aufzugeben als darauf meinerseits zu antworten.
Nun, ich versuch' es dennoch.

Den Leser interessieren solche Bemerkungen nicht. Er will einen glatt lesbaren Brief, durch den er sich ein möglichst stimmiges Bild von Ihnen machen kann. Das Eingeständnis von Selbstzweifeln und Unschlüssigkeiten, wie oben beschrieben, führen eher dazu, daß der Leser Sie für schüchtern, unsicher oder wenig selbstbewußt hält – und Sie aus dem Kreis der ernsthaften Interessenten ausschließt.

Für eine Geschmacksfrage halten wir einen Briefeinstieg, der den Leser durch einen allgemeinen Satz oder eine allgemeine Anschauung auf sein Schreiben einstimmt und ihn dann behutsam zum eigentlichen Punkt seines Briefes führt.

Wenn Sie einen solchen Einstieg wählen, sollten Sie auf keinen Fall zu großspurig formulieren. Sie stoßen sonst eher ab als daß Sie einen Leser in Ihren Bann ziehen:

Sehr geehrte junge Dame,
eine neue Bekanntschaft sei ein Triumph der Hoffnung über die Erfahrung, hab ich mal irgendwo gelesen.
Ich habe die Hoffnung nicht aufgegeben und deshalb meine Erfahrung nicht zu schwer wiegen lassen. Nur müßte ich die Richtige finden, die mir den nächsten Schritt von vorneherein erfolgreich erscheinen läßt.

Ich grüße Dich, Du Unbekannte, und wünsche Dir viel Glück bei Deiner Suche nach dem richtigen Mann!
Bei dieser Gelegenheit möchte ich natürlich nicht versäumen, darauf hinzuweisen, daß auch ich ein Mann bin. Ich gesteh's ja, diese Eigenschaft teile ich mit vielen, doch eines könnte mich von allen anderen unterscheiden: wenn ich für Dich am Ende der Richtige wäre ...!

Weit verbreitet und sicherlich nicht falsch ist der direkte Einstieg in einen Brief, der über die Anrede sofort auf den Verfasser übergeht. Die Selbstbeschreibungen kommen dann zwar sehr plötzlich, lesen sich aber sehr wirksam, wenn der Briefeschreiber es versteht, sich genügend lang in Szene zu setzen:

> *Hey, hallo, bonjour, hello and so on,*
> *ich heiße Daniela, bin 20 Jahre alt, komme aus Lübeck, bin nicht schlank, aber mit Mode läßt sich vieles machen. Ich habe braune, schulterlange Haare und ebenfalls braune Augen ...*

Viele Partnersuchende machen in den ersten Zeilen ihrer Briefe ihre konkrete Schreibsituation zum Thema. Das zeigt ein Stück Persönlichkeit und oft auch kleinere Details aus dem Alltagsumfeld des Verfassers.

> *Jetzt setzt du dich einfach mal hin, sag ich zu mir und antwortest drauf. Der, der hier nun sitzt und schreibt, nennt sich seit 30 Jahren Manfred, hat derzeit 1,93 m erreicht und ist eigentlich noch recht gut erhalten.*

> *Hallo Du,*
> *bei einem Glas Wein sitze ich nun hier und versuche, meine Gedanken zu Papier zu bringen. Mein Brief soll ja möglichst Dein Interesse wecken. Gar nicht so einfach, denn ich bin kein guter Briefeschreiber.*

> *Ich liege hier im Sonnenschein und träume von Mövenpicks »Maple-Walnuts«, einem Hotel an der Côte d'Azur und dem Mittelmeer ...*

Ein gelungenes und häufig verwendetes Mittel, auf den Leser einzugehen, ist das offene Eingeständnis, daß Ihnen die Anzeige des anderen gefallen hat. Sie loben dadurch auf sympathische Weise die Formulierungskünste des anderen und verschaffen sich Pluspunkte:

Hallo!
Hab gerade Deine Anzeige gelesen und muß Dir einfach darauf schreiben.

Lieber unbekannter Mann,
Deine Anzeige hat mich von vorne bis hinten und rundherum angesprochen, ich bin neugierig auf Dich geworden, möchte Dich kennenlernen.

Hallo,
Deine Anzeige im Zitty fand ich einfach sehr schön! Sie hat mich ein bißchen ins Träumen gebracht, ohne daß ich eigentlich vorhatte, auf eine Kontaktanzeige zu reagieren. Jetzt meld' ich mich einfach mal.

Hallo Du!
Beim Lesen der NRZ bin ich auf Deine Anzeige gestoßen, und da die Eigenschaften, die Du beschrieben hast, weitgehend mit meinen übereinstimmen, habe ich beschlossen, Deine Suche zu erleichtern und Dir zu antworten.

Hallo Du,
zum guten Schluß habe ich von drei »Prinzessinnen« die eine gewählt, die mir das verschmitzte Lächeln schlechthin entlockte. In drei kurzen Zeilen hast Du es geschafft, soviel von Deinem Schleier zu lüften, um ein gewisses Stück von Dir zu zeigen und mich ganz schön neugierig zu machen.

Wirklich individuelle Briefanfänge zu formulieren ist ein schwieriges Unterfangen. Wenn Sie gut mit Sprache umgehen können, sollten Sie diese Fähigkeit nutzen, um dem anderen ein plastisches und persönliches Bild von Ihnen zu geben. Fallen Sie aber nach einer gelungenen Einleitung in Ihrem Niveau nicht ab. Es gibt sonst Brüche in Ihrem Brief, die ein Leser sofort spürt. Ein gelungenes Beispiel:

Seit gestern: Kirschblüte
Von einem Frühlingsausflug zurückgekommen. Mit dem Rad sich treiben lassen, Musik hörend und singend durch die erwachende Natur. Das alljährliche Wunder! In der Verbindung mit der Musik mitunter »Höhenflüge« und leichte »Auflösungserscheinungen«. Und das Bewußtsein, wie wichtig es ist, sich noch wundern (freuen) zu können.
Das Wachsen, die Farben! Und ich glaub', daß diese Fähigkeit (von Kindern mal abgesehen) gar nicht mal so selbstverständlich ist. Genau das ist für mich etwas Besonderes – und Anlaß, Dir spontan zu schreiben.

Die Selbstbeschreibung

So sehr Sie einen Leser bereits durch die äußere Form Ihrer Zuschrift, durch Ihr Foto oder durch eine gelungene Einleitung für sich einnehmen können, liegt doch der eigentliche Erfolg Ihrer Zeilen in der Art Ihrer Selbstbeschreibung. Sie wird zum Kern Ihres Briefes und zum Zentrum, das über Akzeptanz und Ablehnung entscheidet.

Im Unterschied zu einer Kontaktanzeige, die auf knappstem Raum Informationen über den Inserenten zusammendrängt, haben Sie in einem Brief die Möglichkeit, detailliert über sich und Ihr Leben zu schreiben. Und Sie sollten diese Chance nutzen! Schreiben Sie offen über das, was Sie mögen (über Ihre Spaziergänge in freier Natur, über Ihre Lieblings-CD, über die Cafés oder Kneipen, in die Sie gehen), schreiben Sie über Ihre Reiseziele (Warum Sie Frankreich mögen. Was Sie – zu zweit – in Paris tun würden. Wie Ihre Trauminsel, Ihr Traumstrand oder Traumhotel heißt), schreiben Sie, daß Sie gern italienisch kochen; schreiben Sie über Ihre Blechspielzeugsammlung, über Ihre Vorliebe für aromatische Tees oder über Ihr Faible für High-Tech-Leuchten.

Schreiben Sie aber auch (was die wenigsten tun) über Ihre Vorstellungen von einer Partnerschaft:

Mir ist zur Zeit nach einer Beziehung, die sehr ungezwungen und gleichzeitig gefühlvoll abläuft, und ich denke, das geht, wenn beide es so wollen und reif genug sind.

Ich für meinen Teil suche, nachdem ich die verschiedensten Experimente gemacht habe, einen Partner, der mit mir eine Familie aufbauen will und uns trotzdem soviel Freiheit freibaggert, daß die familiäre Situation nicht erdrückt.

Je mehr Informationen Sie dem Leser über sich an die Hand geben, desto eher wird Ihr Brief Persönlichkeit ausstrahlen und das erreichen, was er soll: daß der Leser Sie kennenlernt und neugierig auf Sie wird. Schreiben Sie kurz und stichwortartig über sich, so bleibt ein verschwommenes, konturenloses Bild im Leser zurück. Schreiben Sie ausführlich und facettenreich, wird Ihr Bild zu einem bunten Poster, das sich deutlich von Ihrer Konkurrenz abheben wird.

Wie bereits auf Seite 108 erwähnt, liegt die Hauptursache erfolgloser Zuschriften darin, daß ihre Verfasser eine ausführliche und offene Selbstbeschreibung scheuen und Informationen über sich geradezu verweigern.

Da gibt es Ausflüchte wie:

Persönliche Eigenschaften und Interessen lassen sich m.E. besser am Telefon oder auch bei einem Treff bekakeln. Warum an dieser Stelle schon recht viel erzählen, wenn M/F noch nicht mal die Stimme des anderen kennt?

Bevor ich jetzt so richtig in Fluß komme, höre ich lieber auf, schließlich soll es ja bei unserem Treffen noch was zu entdecken geben und außerdem muß dann das Gesagte noch mit Leben erfüllt werden.

Andere Verfasser brechen Ihre Selbstbeschreibung plötzlich ab

Genug der unpersönlichen, einseitigen Gespräche.

Bevor das hier jetzt eine Kurzgeschichte wird, sollten wir uns gegenübersitzen und uns näher kennenlernen.

oder entschuldigen sich fadenscheinig dafür, daß sie nur sehr wenig über sich schreiben:

Habe gerade Deine Anzeige gelesen und wollte mich mal eben melden. Es ist allerdings schon spät und ich habe den ganzen Tag mit der Band geprobt, daher werde ich schreibtechnisch jetzt nicht mehr viel auf die Beine stellen können. Wenn Du Lust hast, melde Dich, dann erzähle ich Dir mehr von mir.

Ohne Erfolg sind auch Kurzbeschreibungen wie

Noch ein paar »Daten« von mir: 32, 178 cm, 79 kg, dunkelbraune Haare, grüne Augen, Sternzeichen Wassermann
Vielleicht bis bald.

oder Briefe, die den Stil einer Kontaktanzeige imitieren und Eigenschaften über sich stur aneinanderreihen:

Ich möchte mich Dir in Kurzform vorstellen:
38 Jahre jung, 187 cm groß, 71 Kilo, eheerfahren, jetzt wieder ungebunden, sportlich, unkonventionell, junggeblieben, vielseitig interessiert, studiert, gesicherte finanzielle Verhältnisse, Nichtraucher, unkompliziert, begeisterungsfähig, anspruchsvoll, reiselustig und vor allen Dingen: natürlich geblieben.

Unvorteilhaft, da zu formal und einfallslos, wirkt auch das folgende Beispiel:

Hallo schöne Frau!
Mein Name ist ..., 41 Jahre, 185 cm groß, schlank und sportlich.
Studium: Psychologie und Wirtschaft
Beruflich: Marketing/Werbung
Hobbys: Literatur, Psychologie, Video, Badminton, etwas Krafttraining, tiefschürfende Gespräche, Natur, fremde Kulturen, Schach.
Ich mag Musik von Suzanne Vega, Frank Sinatra (!), Vivaldi und Barry White, ergötze mich an Filmen von John Carpenter und anderen Gruselgrößen, esse gern chinesisch und liebe große Dachgeschoßwohnungen.
Charaktereigenschaften: humorvoll (eher schwarz), phantasiereich, gefühlvoll (manchmal sentimental), ehrgeizig, selbstironisch und vieles mehr.
Was ich suche? Die Frau zum Leben.

Kein Leser wird verlangen, daß Sie einen wortgewandten, stilistisch ausgefeilten Brief schreiben. Sie können sogar sprachlich nur durchschnittlich begabt sein und etwas unbeholfen formulieren – ein Inserent wird für Ihre mangelnde Perfektion Verständnis haben (weil er in der Regel selber kein »perfekter« Briefeschreiber ist), wenn Sie Ihre Informationen nur offen, ehrlich und mit gebotener Plastizität herüberbringen. Dafür einige Beispiele und Textausschnitte:

Liebe Sie,
zuerst ein paar Zeilen über mich:
Franzose, 41 Jahre (ich lebe seit 12 Jahren in Deutschland), 87 kg, aber gutaussehend, Manager bei einem amerikanischen Unternehmen, Akademiker (BWL), habe im Augenblick keine allzu ernsthaften Absichten.
Ich bin geschieden, lebe seit drei Jahren von meiner Ex-Frau getrennt und versuche, das Leben trotz dieser emotionalen Probleme zu genießen.

Meine größten Leidenschaften sind im Moment mein fünfjähriger Sohn (lebt bei der Mama), Tennis spielen, lesen und Konzerte besuchen. Grundsätzlich denke ich positiv und mag es, Spaß zu haben. Ich bin gerne unter Menschen, kann aber auch die Einsamkeit hin und wieder gut gebrauchen.

Hier gefällt die Offenheit, mit der der Verfasser von seiner geschiedenen Ehe und von seinem Sohn spricht. Man spürt eine gewisse Reife des Mannes, einen klaren Blick für seine gegenwärtige Situation und das, was er sich als Ziele für die Zukunft setzt. Sehr ehrlich und natürlich wirken auch die folgenden Zeilen einer Inserentin:

Ich bin 26 Jahre alt, 169 cm groß, alltagsblond und kraushaarig, ziemlich naturbelassen. Von Beruf bin ich Krankengymnastin, suche aber noch nach weiteren Möglichkeiten des Broterwerbs und der Zufriedenheit. In der Freizeit lese ich gern viel, ich bin gerne in schöner Natur, mag eigentlich jedes Wetter, fahre Rad, fotografiere, unterhalte mich stundenlang mit Freunden, koche gern, trinke Tee, mag besonders gern Musik von Chris Isaak und pinkfarbene Tulpen. Im großen und ganzen geht's mir gut. Gewisse Highlights fehlen allerdings.

Stilistisch ein wenig holprig erscheint der folgende Textausschnitt. Der Leser gewinnt dennoch ein brauchbares Bild von der Verfasserin:

Trage am liebsten Jeans mit Hemden, Blusen oder Sweat-Shirts, aber gelegentlich auch mal einen Rock, je nach Anlaß. Freizeitmäßig ist im Moment wenig angesagt, da ich im Juni Prüfung habe, aber Ausnahmen können ja gemacht werden.
Ich gehe gern in Cafés und Bistros, finde gemütliche Abende zu Hause aber genauso schön. Genieße leckeres Essen, am liebsten italienisch und griechisch. Kino und Theater sind ebenfalls oft angesagt, denn Kultur muß ja sein. Sportlich bin ich nicht mehr aktiv, aber wenn, dann fahre ich gern Rad. Passiv nehme ich an Tanzveranstaltungen/Turnieren teil. Keine Discomaus!

Kontur gewinnt auch der folgende Verfasser, selbst wenn seine Vorliebe für schöne Beine und für Dessous nicht jede Frau ansprechen dürften:

Ab und zu brauche ich eine Hilfe, die mir sagt, welche Farbe mir steht und ob das Restaurant auch gut ist, welches ich fand. Ich möchte mit Dir ins Kino gehen, Popcorn naschen, auf Deine Beine schielen und Dir sagen, ins Ohr natürlich, wie toll Du aussiehst. Mit Dir durch Geschäfte ziehen und Sachen finden, die an Dir toll aussehen, für darunter und drüber. Oder in schummrigen Kneipen, bei einem Glas Rosé eine Rast einlegen. Bin bereit für jede Untat, und sehe das meiste sehr locker.

Wenn es Ihnen gelingt, Ihr Empfinden, Ihre Vorlieben und Interessen, Ihre Wunschvorstellungen und ihr Selbstbild nicht nur einfach aufzuschreiben, sondern sprachlich in eine adäquate, durchdachte Form zu bringen, werden Sie zum Leser mehr als bloß Wörter und Sätze transportieren.

Ihr Brief wird dann Ausstrahlung haben und jene persönliche Handschrift besitzen, von der in diesem Buch die Rede war. Im Idealfall wird Ihr Brief zu einer Art Spiegel Ihrer Seele werden, der im Leser einen sehr plastischen Eindruck hinterläßt. Solche Briefe sind sehr dicht und intim, wirken überaus nah und privat.

Eine Regel, wie man sie schreibt, gibt es nicht. Es hängt vom Typ und von der Persönlichkeit ab. Deshalb im folgenden ein paar gelungene Beispiele:

Liebe Inserentin,
Es mag Dich überraschen, aber mit inzwischen 40 Jahren habe ich nicht den Eindruck, daß Staunen und Neugier nachlassen. Es kommen mit dem Älterwerden eher neue, andere Entdeckungen dazu bzw. es verdichten/intensivieren sich bekannte Erfahrungsbereiche.
Ein neuer Erfahrungsbereich, obwohl ich das schon lange betreibe, ist für mich das Laufen. Früher bin ich mit Elan und Tempo drauflosgejoggt und war so nach 40 bis 50 Minuten ziemlich fer-

tig. Heute entdecke ich immer mehr das lange, geduldige, langsame, ausdauernde Laufen, und egal, ob ich einen Weg schon etliche Male gelaufen bin, es ist immer anders ...

Ich bin 32, Hannoveraner, lebe seit sechs Monaten in Essen. Und wenn es mir weiterhin hier so gut gefällt, bleibe ich hier. Aber geradewegs zum Punkt:
Meine Lebensart ist einfach so: Ich liebe es, mich seelisch zu bewegen. Ich versuche – man kann das nicht immer erreichen –, alles zu genießen. Alles, was »schön« oder »großartig« ist, ist einfach zu genießen. Aber ich untersuche auch alles, was »häßlich« oder »belanglos« ist.
Ich liebe es, mich körperlich zu bewegen. Das Ergebnis ist mal ein Traum – mal ein Alptraum. Manchmal falle ich einfach auf die Schnauze. Aber das ist mir egal, denn es ist wichtig, daß ich etwas durch meine Bewegungen lerne. Ich äußere mich sowohl mit dem Mund als auch mit dem Pinsel und ... und ... und ...

Bin 28 Jahre alt und nicht bieder, ledig, keine Kinder, zwei Schwestern (28/34), nette und sich nach 35 Ehejahren immer noch liebende Eltern (finde ich gut), 181 cm groß, ca. 72 kg, nicht unansehnlich, Mischung zwischen soft und macho (ein bißchen »Löwe«), aktiver und interessanter Freundeskreis, humorvoll und sehr ernsthaft, sensibel und manchmal nachdenklich.
Mitunter leicht philosophische Anfälle; neige etwas zu »up and down« und bin dementsprechend temperamentvoll und spontan, manchmal aber auch etwas zurückgezogen (vielleicht mimosenhaft), je nach Stimmungslage.
Ich spiele seit 24 Jahren Badminton in einer sehr netten und überaus aktiven Mannschaft, gehe gerne ins Kino, ab und an ins Theater (Nachholbedarf) und grundsätzlich Überraschungen nicht aus dem Weg.
Manchmal habe ich Lust zu dancen (Sternemann/Woitalla), gehe gerne spazieren, insbesondere im Frühjahr und im Herbst (Aachener Weiher bevorzugt), interessiere mich für Politik und Essen gehen (alle Richtungen, Karte von links oben nach rechts unten), kochen.

Ich liebe ausgedehnte Frühstücke, bei denen man Zeitung lesen kann (Kinder? Oh nee!), verwöhne gerne und lasse mich auch gern verwöhnen. Luxus ja, aber nicht immer und kein Muß. Gehe im Winter Ski fahren (ohne Talent und erst recht kein Könner), spiele gerne Karten und bin manchmal auch gern allein, um zum Beispiel ein Buch zu lesen (in der Regel etwas Spannendes – zum Ausspannen). Meine bevorzugten Kneipen: Overbeck, Kötter, Sawa 42, Hillbers, Hübbers, Alkazar etc.

Hallo Du,
ich bin ein Mann zwischen 33 und 34, maximal 180 cm und 75 kg. Ich staune oft über die Konventionalität vieler ZeitgenossInnen, bin aber ebenfalls in einen gleichförmigen Alltag verstrickt, der mir meinen Brotwerwerb (z.Zt. einjähriges Praktikum an der medizinischen Fakultät) verschafft. Allerdings gibt es hierbei eine angenehme Befreiung von so lästigen Erscheinungen wie Wecker, Anwesenheitskontrollen oder nervenden Vorgesetzten.
Ende letzten Jahres packte mich die Neugier auf das, was man vielleicht »weite Welt« nennt und ich bin verreist. Habe den Winter von Dezember bis Karneval in Indien (ja, ja, alles klar ...) verbracht; da ich mit dem Kippenrauchen gleichzeitig das Kiffen gesteckt habe, bin ich geistig, aber nicht unbedingt körperlich fit zurückgekommen, was die ersten sportiven Versuche deutlich offenbarten – aber muß wieder.
Diese erste weite Reise hat mir erneut klargemacht, wieviel ich auch noch mit mir selber erleben will und kann – und um so mehr in einer Beziehung.
Als Reisender nicht nur in ferne Länder, sondern auch in das Reich der eigenen Persönlichkeit, bin ich mir sehr bekannt. Auch wenn diese Selbsterfahrenheit nie ausreicht, ständig souverän und verständlich zu reagieren, aber das wär ja auch etwas dröge. Dafür kann ich sehr zärtlich sein, aber auch unsensibel und sowieso ständig einen lästerlichen Spruch im Hinterkopf.
Wichtig sind für mich Humor, Intelligenz, Toleranz und Selbstständigkeit, aber bevor ich noch mehr von diesen großen Schlagworten starte, stoppe ich mich lieber, mit dem Vorschlag, das gerne per Anschauung mit Substanz zu füllen.

Wenn Sie stilistisch gewandt sind, können Sie Ihr Antwortschreiben auch originell auf den Text des Inserenten abstimmen. Die Erfahrung zeigt, daß solche Zuschriften – wenn sie gut gemacht sind – überaus erfolgreich sind, weil sie sich wohltuend vom Einerlei der übrigen Schreiben abheben.
Der folgende Briefwechsel, aus dem sich eine sehr harmonische Beziehung entwickelte, mag als gelungenes Beispiel und als Quelle zur Inspiration gelten:

29jähr. Beamtin mit kleinem Hund, mod., viels. Interessen, sucht Partner fürs Leben, Kind kein Hindernis. Bildzuschriften unter 22 Z 30 178

Die Zuschrift:

Liebe Tierfreundin,
begeistert habe ich Ihre Anzeige gelesen und will gleich vorwegnehmen, daß mein Interesse weniger Ihnen als dem kleinen Hündchen gilt.
Schon lange suche ich für meine Kiki ein wohlerzogenes Gegenstück (ein solches darf ich aufgrund Ihres Beamtenstatus einmal voraussetzen), um sie endlich weghalten zu können von den ordinären Straßenkötern.
Daß ihr Hund vielseitig und modisch ist, freut mich umso mehr, als meine Kiki ebenfalls ein aufgewecktes und sehr eitles Hündchen ist.
Gern würde ich mich deshalb mit Ihnen und Ihrem Hund einmal zu einem Spaziergang treffen, um zu schauen, ob unsere kleinen Kläffer sich mögen.

Anmerkung der Autoren: Als Bildzuschrift sandte der Verfasser ein Fotos seines Dackels ein.

Die Reaktion der Inserentin:

Hallo Kiki!
Ich, Tim, kann Dackel nicht ausstehen! Einer von Deiner Rasse hat mich kürzlich in den Hintern gebissen. Wenn Du keine Angst vor der Rache eines Maltesers hast, könnten wir aber vielleicht einen Spaziergang wagen.
Vorher möchte mein Frauchen noch etwas über Dein Herrchen erfahren. Du weißt schon ... – Frauen sind neugierig.
Auf baldiges Schnuff Schnuff Tim

Schlußsätze

Der Schluß Ihrer Zuschrift sollte in ein oder zwei Sätzen Ihren Wunsch nach einem Treffen bzw. näheren Kennenlernen zum Ausdruck bringen. Da ein Inserent in der Regel telefonisch mit Ihnen Kontakt aufnimmt, sollten Sie in einem Schlußsatz Ihre Telefonnummer angeben und die Zeiten, wann Sie erreichbar sind.

Das Spektrum der Formulierungen reicht dabei von einfachen, unspektakulären Sätzen wie

Wenn Du Lust hast, mich kennenzulernen, ruf mich doch einfach an oder schreibe mir.

Ich würde mich über Deinen Anruf freuen, versuch's evtl. öfter ... Ein schöner Gruß an Dich von ...

Bin in der Regel ab 20 Uhr am besten zu erreichen. Eventuell bis dahin.

oder etwas ausführlicher:

Falls Dein Interesse nun groß genug ist und Du Näheres von mir erfahren möchtest, dann rufe mich doch einfach mal an (... im-

mer bis 24 Uhr) und wir können dann mehr über uns erzählen oder einen Treffpunkt ausmachen. Ich hoffe auf Antwort (vielleicht ja auch nur mal ein kurzes »Hallo«) und grüße Dich ganz herzlich ...

Anmerkung: Anstelle von «herz...« hat der Verfasser ein kleines Herz gemalt.

Wenn Sie sprachlich etwas Variation (und damit Individualität) in Ihren Briefschluß bringen wollen, sollten Sie nach unverbrauchten Wendungen suchen. Einige Beispiele:

Um uns aufeinander zuzubewegen – meine Telefonnummer: ...

Neugierig wäre ich schon darauf, ob wir mit unseren »inneren« und »äußeren« Werten etwas anfangen könnten. Vielleicht also bis bald.

Wenn's nicht zündeln sollte, haben wir einen Abend bei einem Pils verbracht, unverbindlich, unproblematisch. Auch ein solcher Abend kann nett werden. Also, auf geht's.

Vielleicht swingt es zwischen uns ein wenig? Das wäre schön. Bis bald?!

Es wäre schön, wenn Du das Experiment »Treffen zwecks Kennenlernen« mit mir machen könntest.

Also, schöner Unbekannter, entweder schmeißt Du mich jetzt in den Papierkorb oder wir treffen uns mal. Wenn Du mich anrufen möchtest: Wiesbaden ...

Die langbeinige Beamtin – Inserat und Zuschriften

Um unsere bisherigen Überlegungen und aufgestellten Regeln einmal an einem konkreten Beispiel festzumachen, wollen wir im folgenden einige Briefe abdrucken, die eine junge Dame auf ein Inserat in einer Frankfurter Stadtillustrierten (»Pflasterstrand«) bekam. Wir wollen dabei jeden einzelnen Brief ausführlich kommentieren und die Vorzüge und Nachteile aufführen.

Die Anzeige:

> Langbeinige Beamtin (27) mit langweiligem Bekanntenkreis sucht flippigen Freund bis 35, der mit mir durchs Leben bummelt. Chiffre: »Karussell fahren«

Die Inserentin bekam auf diese Anzeige 64 Zuschriften von Männern zwischen 22 und 42 Jahren. Das Niveau der Briefe war überdurchschnittlich hoch, was daraus resultiert, daß der »Pflasterstrand« ein typisches Magazin für Studenten und Akademiker ist.

Obwohl die Anzeige sehr kurz ist und nur wenig über die Inserentin und ihren Wunschpartner aussagt, scheint sie bei vielen Lesern ins Zentrum getroffen zu haben. Sicherlich wegen der erotischen Assoziationen, die eine »langbeinige Beamtin« auslösen mag, aber auch wegen der Offenheit des Inserats. Ein »Bummel durchs Leben« ist etwas Unverfängliches, das nicht binden muß, eine Beziehung noch nicht in feste Bahnen lenkt.

Eine »Beamtin« bedeutet für viele Leser eine »gute Partie«. Die Dame steht mit beiden Beinen im Leben, kann für sich selbst sorgen, hat einen sicheren Job – durchaus Argumente, die anziehen! Darüber hinaus verrät das Inserat den Grund, warum es aufgegeben wurde: weil die Beamtin (der man sich üblicherweise mit dem Vorurteil von Spießigkeit und Langeweile nähert) aus ihrem langweiligen Umfeld heraus möchte. »Wer befreit mich aus meinem Käfig?«, lautet der Hilfeschrei. Aufgerufen sind alle »Flippies«, die das Alltagsgrau der Beamtin in einen Jahrmarkt mit einem wunderschönen Karussell verwandeln. Zweifellos eine Herausforderung für viele Leser.

Langhaariger Student (27) mit interessantem Bekanntenkreis sucht ehrliche Freundin, die mit ihm durchs Leben flippt

Hi!
Ein Glück, daß ich nie Anzeigen aufgebe.
Die Beamten, die ich so kenne, sind alle etwas merkwürdig. Was ja nix heißen muß.
Also, ich ziehe nach drei Jahren Berlin wieder ins schnöde Offenbach und lasse mir die Sonne auf den Bauch scheinen. Ich hätte schon mal wieder Lust, in Zukunft was zu unternehmen. Und sei es auch nur, mit Dir ein Bier trinken zu gehen. Oder ins Kino?
Ich schreibe zur Zeit ein wenig an meiner Diplomarbeit und bin Abwechslungen jeder Art aufgeschlossen.
Melde Dich doch mal.
P.S.: Wir haben da einen WG-Anrufbeantworter, also Vorsicht!! Sonst ruf besser abends an.

Die erste Zuschrift, die auf die Annonce einging, stammt von einem Studenten, der den Tenor des ursprünglichen Inserats witzig aufnimmt und mit eigenen Daten füllt. Die Einleitung mit ihrem leichten Seitenhieb auf die Beamten ist etwas seltsam, wird aber relativiert durch den Satz »Was ja nix heißen muß«.

Über den Verfasser erfährt man nur wenig: Daß er von Berlin nach Offenbach gezogen ist (im Grunde eine unwichtige Bemerkung) und nun in einer Wohngemeinschaft an seiner Diplomarbeit schreibt. Etwas zu unternehmen (Kneipenbummel, Kinobesuche) scheint im Vordergrund der Interessen zu stehen. Ein Student, der raus möchte aus seiner WG, der Lust auf Abwechslung (und vielleicht auf ein Abenteuer?) hat. Wir schätzen zwar die unverstellte Schreibe des Verfassers, stören uns aber an der mangelnden Ausführlichkeit. Der Brief wirkt insgesamt flüchtig und schnell formuliert.

Hallo Langbein,
Deine Anzeige hat mir gefallen. Ich weiß zwar nicht, ob ich besonders flippig bin; aber ich glaube, daß ich so schnell in keine Schublade passe. Ich habe viel Zeit, durchs Leben zu bummeln, weil ich in Teilzeit tätig bin und mir Zeit wichtiger ist als Geld. Ich würde gern mit Dir ein wenig bummeln und Dich näher kennnenlernen.
Hier noch ein paar Infos zu mir. Ich bin 30 J., 171 cm; 72 kg. Treibe gern Sport, fahre gern Zweirad (Fahrrad und Motorrad). Tanze noch immer gerne, frühstücke gern gemütlich ...
Bin gespannt!

Eine nette Anrede und ein ehrliches Wort in puncto Beruf und Lebenseinstellung. Man erfährt aber weder, worin konkret die Teilzeitarbeit besteht noch was der Verfasser gegen die Langeweile der Beamtin tun würde. Ein typischer Brief, der nur vordergründig auf eine Anzeige eingeht.

Hätte der Verfasser etwas ausführlicher beschrieben, warum er so schnell nicht in eine Schublade paßt, wäre der Leserin mehr gedient gewesen als mit der angehängt wirkenden Selbstbeschreibung.

Liebe Staatsdienerin,
ich will Dir unverblümt die Wahrheit sagen – nachdem ich sechs Jahre für die Bundeswehr gearbeitet habe, bin ich jetzt auch in einer deutschen Stadtverwaltung gelandet – als Umweltbeauftragter. Trotzdem ist mein Leben alles andere als langweilig. Zusammen mit zwei Hunden wohne ich in einem Bauernhaus am Main. Meine Interessen sind vielfältig – außerdem bin ich halber Frankfurter, habe selbst in Bockenheim gewohnt und suche noch die Richtige für eine Traumhochzeit.
Bin übrigens 33, 182 cm. Gruß und Kuß ...

Es gibt Gemeinsamkeiten in diesem Brief, auf die der Verfasser gleich zu Beginn hinweist. Seine angehängte Bemerkung »Bin übrigens 33, 182 cm« wirkt jedoch etwas kurz und reicht – zusammen mit den übrigen Informationen – nicht aus, um als Leser wirklich neugierig zu werden.

Ein Satz wie »Meine Interessen sind vielfältig« sagt ebenfalls zu wenig. An seiner Stelle gehörte eine detaillierte Aufzählung der verschiedenen Interessen!

Hallo,
eigentlich ist es ein bißchen spät, auf Deine Anzeige zu antworten! Trotzdem; ein ganz spontaner Entschluß.
Eine langbeinige Beamtin macht mich neugierig.
Ich bin kurz vor Deiner gewünschten Altershöchstgrenze (35), stehe am anderen Ende von den Beamten (selbständiger Graphiker) und wünsche mir manchmal etwas mehr Sicherheit.
Wenn es Dich neugierig macht, einen »alternden Flippi« kennenzulernen, ruf mich einfach mal an.
Ich würde mich freuen – ehrlich gesagt auch, um einmal die langen Beine einer Beamtin zu sehen.

Anmerkung: Der Verfasser schreibt seinen Text auf die Rückseite einer Zahlkarte.

Dieser Brief kam mit der dritten Teillieferung an, und man spürt als Leser tatsächlich, daß der Verfasser sich sehr spontan zum Schreiben entschlossen hat. Die Beamtin hat ihn – so wie er es schreibt – neugierig gemacht. Und daß es besonders die langen Beine sind, die den Ausschlag gegeben haben, betont der Verfasser in seinem letzten Satz noch einmal.

Dieser Ehrlichkeit gebührt Respekt. Und auch die Bemerkung, daß ein Selbständiger hin und wieder an mehr Sicherheit denkt, ist ein Zeichen von Offenheit. Allerdings sagt der Brief kaum etwas über den Menschen aus. Ein »Graphiker«, ein »alternder Flippi« – das ist eine Spur zu wenig. Der Einfall mit der Zahlkarte ist originell, aber man wird den Gedanken nicht los, daß der Verfasser finanziell abgebrannt und vielleicht auch am sicheren Einkommen der Beamtin interessiert ist.

Hallo!
Als Jurastudent bin ich stark verdächtig, langweilig und hochnäsig zu sein. Dem ist aber nicht so. Es käme doch wohl auf einen Versuch an, in einem Café, bei heller Sonne oder in der Stadt?! Ich würde mich freuen, eine Antwort zu bekommen. Bin 27, 184, schlank und habe noch eine Menge Pläne im Kopf, wie man die Langeweile (allerdings nicht mit zugebissenen Zähnen) vertreibt. Also? Melde Dich.

Eine seltsame, etwas aus der Luft gegriffene Einleitung; ein verunglückter Schlußsatz (»nicht mit zugebissenen Zähnen«) und kaum Informationen über den Verfasser. Auch dieser Briefeschreiber hätte seine Pläne, die Langeweile zu vertreiben, auf mindestens einer Briefseite darlegen müssen. So hätte er die nötige Kontur gegenüber seinen Mitkonkurrenten gewinnen können.

Liebe Beamtin!
Lieber lange Beine als Langeweile, daher schreibe ich Dir. Wenn Du geglaubt hast, es gibt in unserer Zeit keine Piraten mehr, so irrst Du Dich gewaltig. Du mußt nur das Enterseil ergreifen, um mit mir auf Kaperfahrt zu gehen. Wenn Du gut drauf bist, ist eine abwechslungsreiche Beutefahrt mit gegenseitigem Entern und Auffinden einer Schatzinsel durchaus möglich.
Nun zu meiner Person: Ich bin 1,70 m, 29 Jahre, braune Augen, schlank und daran interessiert, Dich kennenzulernen. Mein Leben verlief bisher wild und abwechslungsreich, aber ein Pirat will seine Crew nun einmal solide ergänzen. Über einen unverbindlichen Anruf oder einen netten Brief von Dir würde ich mich sehr freuen. Ahoi, Martin

Dieser Brief ist sicherlich eine Geschmacksfrage, aber der Verfasser erreicht etwas Wichtiges: Die Leserin wird ihm automatisch den Beinamen »Pirat« zuordnen – und schon ist er nicht mehr ein Anonymer unter den anderen 63 Schreibern. Auch dieser Brief verbirgt manches, das man erfahren sollte, aber er macht dennoch neugierig auf den Kapitän und sein Schiff.

Unkonventionelle Beamtin!
Ich glaube, Dir kann geholfen werden. Daher antworte ich Dir entsprechend offen: das, was Du suchst, wirst Du auf jeden Fall bei mir bekommen.
Dazu zwei Ratschläge: 1. Vergiß Deinen alten Bekanntenkreis. 2. Treffe Dich, sobald es geht, mit mir.
Damit Du Dir ein Bild von mir machen kannst: Ich bin ein 28jähriger Technikstudent, dessen Rakete bald zum Mond abhebt. Wenn es allerdings eine Fahrt in den siebten Himmel werden soll, solltest Du bald hinzusteigen – eine turbulente Fahrt ist garantiert.
Rufe doch einfach mal ganz locker bei mir an. Du wirst auf jeden Fall Spaß haben. Dein verrückter Franjo

Ein ungewöhnlicher Einstieg, der zwar eine Spur zu viel Selbstbewußtsein offenbart, als origineller Einfall aber im Gedächtnis bleibt. Man müßte sehen, ob die flotten Sprüche von der Reise in den siebten Himmel ein bloßer Wunsch sind oder ob der Verfasser wirklich das Zeug dazu hat, die Beamtin auf seine Art zu verzaubern. Viel erfährt man nicht vom »verrückten Franjo«, Neugier erweckt sein Brief aber dennoch.

Hallo Beamtin,
ich bin nicht langweilig, flippig jedoch nur manchmal! Bin hart an der Grenze Deiner Altersvorstellung (35), aber noch nicht geschieden. Bummeln tu' ich ganz gerne – wenn ich Zeit habe – dann aber am liebsten um die ganze Welt! – Das Karussell in Mexiko, das ich kürzlich dort sah, hätte auch Dich zum Träumen veranlaßt!

Anmerkung der Verfasser: Der Autor schreibt diese Zeilen auf ein Foto, das ihn mit mehreren mexikanischen Kindern vor einer Kirche zeigt.

Zusammen mit dem beigelegten Foto kann man auf einen sensiblen Verfasser schließen, der Sinn für fremde Kulturen und Lebenswelten hat. Ein hagerer Mensch (ein Lehrer? Ein Sozialwissenschaftler? Ein

Intellektueller?) in Jeanshemd und -hose steht staunend inmitten fremder Kinder. Als sei er auf einer Expedition. Auf Erkundungs- und Entdeckungsreise.

Ein Gefühl sagt dem Leser, daß man es mit einem sehr wachen, aufgeschlossenen Verfasser zu tun hat. So etwas wie Langeweile wird es in seinem Leben und mit ihm nicht geben, dafür ist die Lust auf neue Erfahrungen und Länder zu groß.

Ein Brief, der durch sein Ensemble von Text und Bild wirkt – und neugierig macht, mehr über den Schreiber zu erfahren. Und das trotz seiner Kürze!

Hallo, hallo,
Karussell oder besser Achterbahn? Das zweite ist sicher nicht so langweilig und vielleicht eher schneller als der raumgreifende Schritt einer langbeinigen Grünflächenamtsoberrätin oder so ähnlich.
So langweilig kannst Du gar nicht sein, wenn es Dir gelingt, in vier harmlosen Zeilen anderer Leute Neugier zu wecken. Mal eben so haarscharf den Punkt getroffen, oder doch: Bei ungefähr fünfter Sitzung auf einem 60er Jahre Beamtenklo einen schnellen Satz dahingeknallt, eine städtische Briefmarke auf einen umweltgeschützten Umschlag gepappt, in den Briefkasten der BAFöG-Mahnungsabteilung (Ausgänge) geschoben und im Weggehen einen maßvoll gelangweilten, aber spitzzüngigen Blick über die rechte (oder die linke?) Schulter geworfen.
So könnt's gewesen sein. Ich mag Frauen, die sich fest vorgenommen haben, ihren Freunden beim nächsten Gähnen eine Nadel ins Wasserbett zu stecken und mit einem genüßlichen Grinsen ein Nimmerwiedersehen entgegenzuhauchen. Meine ebenfalls oft unflippigen Freunde–Feinde werden auch in regelmäßigen Abständen auf diese Weise entsorgt – Ausnahmen bestätigen die Periode.
Was noch? 177 cm, 36 Jahre alt (erst seit ca. 5 Wochen – ich hoffe, ich fall' jetzt nicht durchs Raster), bummelt gern viel mit Abwechslung und immer neugierig, aber weiß (meistens), was er will. Im übrigen ... siehe »Pflasterstand« gegenüberliegende Seite – mehr wird nicht verraten.
Ich freue mich auf Dich

Dieser Mensch hat Humor! Er führt den Leser locker und unterhaltsam über die beiden Seiten seines Briefes, bringt ihn mehrmals zum Schmunzeln, mehrmals zum Lachen. Man staunt über die immer neuen Varianten, die der Verfasser sich ausgedacht hat. Ein klassisches Beispiel, wie man inhaltlich auf ein Inserat eingehen sollte. Zur Unterstreichung des wirklichen Interesses an der Beamtin dient der Hinweis auf die eigene Anzeige (»gegenüberliegende Seite«). Eigentlich hätte der Verfasser/Inserent nur warten brauchen, bis die Frauen ihm schreiben. Hat er aber nicht. Er hat sich trotz seines eigenen Inserats hingesetzt und selber geschrieben. Was für die Beamtin und ihren Text spricht. Und für die Ehrlichkeit des Verfassers.

Ausfiltern durch Spezialisierung

Im Kapitel »Die Zuschrift« haben wir exemplarisch aufgezeigt, was passieren kann, wenn ein Inserat zu allgemein formuliert wird. Die Anzeige

> Sie, 22/169, sucht Partner für gemeinsame Aktivitäten. Zuschriften unter 12 Z 35 115

wurde zu einer Einladung für jedermann, um Wünsche und Interessen zu formulieren. Obwohl 84 Zuschriften eingingen, trafen am Ende nur eine Handvoll Briefe die Erwartungshaltung der Inserentin.

Als Verfasser einer Anzeige müssen Sie daher genau überlegen, wie individuell und speziell Sie sich und Ihr Gegenüber beschreiben wollen. Sie können auf diese Art den Kreis der Briefeschreiber von vorneherein eingrenzen und auf Ihre Welle bringen. Die Voraussetzung dafür ist, und das haben wir mehrfach betont, daß Sie eine genügend lange Anzeige schreiben, die Ihnen ausreichend Kontur gibt.

Wenn Sie als Leser eines Inserats exakt prüfen, ob Sie in möglichst vielen Punkten zum anderen passen könnten und seinen Erwartungen entsprechen, sollte Ihre Zuschrift genügend Gemeinsamkeiten aufzeigen, die auch dem Leser Ihrer Zuschrift signalisieren: der könnte zu mir passen. Je ernsthafter Sie diese Gemeinsamkeiten überprüfen und darstellen, desto erfolgreicher wird Ihre Zuschrift sein.

> Weiblicher Filmfreak, 28, neu in Hamburg, hübsch und kulturinteressiert, sucht Cineast für Bummel zwischen Sperrsitz und Loge. Mag Woody, Dustin, Harrison Ford, Film Noir und David Lynch. Chiffre: 07046826

Die Inserentin dieser Zeilen (eine Cutterin) lebte zum Zeitpunkt der Anzeigenaufgabe drei Monate in Hamburg, wo sie zunächst ihre Wohnung eingerichtet und sich an ihren neuen Arbeitsplatz bei einer Filmproduktionsfirma gewöhnt hatte. Als ihre Probezeit dort überstanden war, suchte sie in einer Hamburger Stadtillustrierten nach einem Partner, der ihre große Kinoleidenschaft teilte. Da sie nicht unbedingt auf jemanden aus der Filmbranche fixiert war, verschwieg sie ihren Beruf und gab sich etwas offener als »weiblicher Filmfreak« aus. Daß ihr Wunschpartner bei »Woody« und »Dustin« die Nachnamen Allen und Hoffman ergänzen konnte, setzte sie voraus; Harrison Ford, der als »Jäger des verlorenen Schatzes« Kinogeschichte schrieb, stand dabei für einen Typ Mann, der sie faszinierte; der Film Noir und der Regisseur David Lynch für die Art von Spannung und Bildern, die sie mochte.

Insgesamt kamen nur drei Zuschriften bei ihr an, aber jede griff das Thema Film auf und zeigte künstlerisch empfindende Männer, die dem »Bummel zwischen Sperrsitz und Loge« (und das heißt einer zunächst unverbindlichen, lockeren Beziehung) nicht abgeneigt waren.

Die originellste Zuschrift stammte von einem jungen Kameramann, der seine persönlichen Daten auf eine vergilbte Filmarchiv-Karte schrieb und die vorgegebenen Kategorien geschickt für seine Selbstbeschreibung nutzte:

Regie: Oliver ...
Art: manchmal Schwarzweiß, meistens Farbe
Darsteller: Ich selbst
Land: BRD
Verleih: nein!
Länge: 178 cm
FSK (= Freiwillige Selbstkontrolle): zu oft
Jahr: 1957
Format: ja
Zielgruppen: kluge, kunstvolle Menschen, lieber leise als laut. Irgendwo zwischen Müsli und Yuppie
Quellen: Studium an der Filmhochschule München. Arbeiten als Kameramann
Genre/Typ: Tragikomischer Antiheld – ein bißchen wie Dustin. Aber ganz nett. »Jäger des verlorenen Schatzes« – wäre ich gern

Der eigentliche Brief war auf der Rückseite eines Standfotos aus Woody Allens Film »Manhattan« geschrieben:

Manhattan ist Woodys Stadt – aber auch in Hamburg ist Leben. Ich weiß das seit 30 Jahren. Darum: willkommen hier! Aber alles kenne ich nun auch wieder nicht – im Gegenteil.
Es gibt also viel zu entdecken, und wenn Du Lust hast, diesen Moloch Hamburg mit mir zu durchkämmen, dann bin ich von 8 bis 18 Uhr unter dreiundsechzig – vierundzwanzig – vierundvierzig zu erreichen.
Vielleicht der Beginn ...
vielleicht aber nur eine Illusion, doch die brauchen wir nun einmal, vor allem wir Cineasten.

Die Inserentin war begeistert von dieser Zuschrift, weil sie in jedem Detail das spiegelte, worauf es ihr ankam: die gleiche Welle.

Die Verfasserin des nächsten Inseratbeispiels hat sieben Jahre lang eine sehr enge Beziehung mit einem Mann gepflegt. Beide wohnten seit drei Jahren zusammen und wollten im nächsten Jahr heiraten. Der Mann, Manager in einem großen Wirtschaftsunternehmen, hatte jedoch ein Verhältnis mit seiner Sekretärin begonnen, das so intensiv wurde, daß er sich von seiner bisherigen Partnerin trennte.

Die »blonde Frau« mußte aus der gemeinsamen Wohnung ausziehen und wieder von vorn beginnen. Die Negativerfahrung saß jedoch noch tief und sie scheute es, eine enge Bindung einzugehen. Die Formulierung »im Moment ohne allzu feste Absichten« schien ihr deshalb nötig.

Um Zweideutigkeiten zu vermeiden, präzisierte sie dies noch einmal im letzten Satz ihrer Anzeige:

> Blonde Frau, 35, attraktiv, studiert, im Moment ohne allzu feste Absichten, sucht interessanten Mann zwischen 30 und 40. Können wir uns einfach nur ein bißchen kennenlernen und austauschen?

Die Zuschriften (es kamen 28 Briefe) waren insgesamt sehr treffend und passend. Dennoch stolperten zwei Verfasser über die »lockeren« Absichten und interpretierten sie auf ihre Weise:

Hallo,
also, ich habe leider keinen besseren Anfang gefunden, aber einfach mal Lust gehabt, auf eine solche Anzeige zu schreiben. Ich habe zur Zeit auch kein persönliches Briefpapier, aber dies tut's vielleicht auch.
Ich fand Deine Anzeige deshalb interessant, weil ich gerne auch neue Menschen kennenlernen möchte. Kontaktanzeigen lese ich bisweilen, aber bisher dachte ich, daß ich eigentlich genug Leute kenne. Und habe daher noch nie eine zum Anlaß genommen, mich zu rühren. Jetzt aber doch, und das spontan und einfach so, ohne große Erwartungen.
Man legt ein Foto bei, also bitte sehr, ist ein Jahr alt und ich bin gerade ziemlich abgenudelt, da ich vom Tennis komme. Tennis, Reitsport und Skifahren (Alpin und Langlauf) mache ich ziemlich regelmäßig. Ich gehe gerne in Konzerte und bin Gulda-Fan. Ich lese gerne und viel und mag komischerweise Science-fiction-Filme. Ich liebe Cafés wie das Américain in Amsterdam, Florian in Venedig, Central in Wien und die schicken modernen Dinger mit viel Glasfassade.
Ich lebe seit einem Jahr alleine, bin noch verheiratet und habe zwei Töchter (6/8). Ich habe eine Freundin, die ich sehr lieb habe. Alles ist jetzt endlich geregelt – die letzten Monate waren ziemlich beschissen, aber jetzt geht's allen wieder besser.
Ich leite eine kleine medizinische Forschungsabteilung und brauche nur von 8 bis 14 Uhr zur Arbeit, der Himmel auf Erden, der mir mit einem famosen Einkommen versüßt wird.
Ich habe eine Wohnung, wie ich sie mir immer erträumt habe, großzügig und bestens eingerichtet. Zentral gelegen, aber wo ich auch gut allein sein kann.
Mir fehlen, trotz guter und lebendiger Freunde, einfach Leute, die mir wieder ein paar neue Anstöße geben. Und deswegen habe ich auf eine Kontaktanzeige geschrieben. Auf Deine, wie Du bemerkt hast.
Und ich bin gespannt, wie blond Du in Wirklichkeit bist.

Der Verfasser dieser Zeilen, der materielle Werte wie sein Einkommen und seine Wohnung sehr vordergründig und platt hervorhebt, schrieb seine Zeilen auf dem Briefpapier des Instituts – als müsse er noch einmal besonders betonen, daß er Mediziner ist. Unser Eindruck: Hier protzt jemand über die Maßen, als wolle er seine menschlichen Defizite verbergen und sein Gegenüber vor allem mit Geld und seinem schickem Appartement locken.

Unverständlich ist darüber hinaus, warum der Verfasser nach neuen Frauen Ausschau hält, wenn er offensichtlich eine Freundin hat. Als könne er von der einen nicht lassen, während er bereits eine andere sucht.

Die »lockeren Absichten« eigenwillig interpretiert hat auch der folgende Briefeschreiber. Seine Art ist allerdings sehr charmant, und man kann nicht eindeutig ausmachen, ob der Verfasser wirklich nur Sehnsucht nach der platonischen Nähe einer anderen Frau hat oder sein Gegenüber gerade über diese Nähe in ein erotisches Abenteuer verstricken will.

Liebe blonde Frau,
Deine Anzeige hat mir gefallen. Falls ich zu den Kandidaten gehören sollte, die aus dem Berg an Briefen von Dir auserkoren werden, würde ich Dich gerne einmal kennenlernen.
Ich schreibe Dir auf meiner 70er-Jahre-Olivetti, die ich in diesem Winter für lächerliche hundert Mark auf einem Flohmarkt erworben habe. Immerhin nicht auf dem Computer, wo ich meine beruflichen »Schreibarbeiten« erledigen muß.
Sieh' das bitte nicht als unpersönlich an; aber meine Handschrift wird im Bekanntenkreis als völlig unlesbar abgeurteilt. Dabei schreibe ich gern, mag Tinte und das Flair alter Schreibtische.
»Studiert« hab' ich auch: 14 Semester Literatur. Und deshalb lese ich gern und viel. Momentan in einem Buch über einen Mann, der ein sehr junges Mädchen liebt, einem zweiten über einen Mann, der seine Frau nicht liebt, die er aber nicht mehr los wird, einem weiteren über einen Mann, der am Ende mit einer Frau, die er beruflich kennenlernt, ins Bett geht, und am Ende noch einem vierten über einen Mann, der in einer Bibliothek sitzt und an einer Studie arbeitet – da kommen bestimmt auch irgendwo Frauen vor. Mal sehen.

Ich bin fast so alt wie Du, sehe noch immer gut aus – sagen die anderen. Bin ein bißchen Philosoph und Hasser des sogenannten bürgerlichen Lebens. Dabei bin ich kein Aussteiger oder so, im Gegenteil: mit ordentlichem Drive und Ehrgeiz wusele ich mich durch meinen Beruf und spare ordentlich was weg. Insgesamt bin ich vielleicht das, was man einen »lieben Kerl« nennt. Und ganz und gar kopflastig bin ich auch wieder nicht.
Einen Widerhaken gibt's (kommt auf die Sichtweise an), ich bin eigentlich verheiratet – und auch nicht unglücklich. Aber trotzdem würde ich gerne mit einer blonden, attraktiven, »studierten« Frau im Café sitzen. Wenn's schön wird, rausfahren und auf einer Wiese liegen – vielleicht kann man ja vorher oder nachher sogar irgendwo einen Blick auf ein Kloster oder ein Wasserschloß werfen (ich mag nämlich Kreuzgänge, und Burggräben). Oder ins Kino gehen oder einfach Wein trinken (oder Tee?) und dabei über Kontaktanzeigen oder andere weltbewegende Dinge reden. Apropos: Deine Annonce ist die erste, auf die ich mein Lebtag antworte ...
Aber ich hab Dir jetzt schon einen viel zu langen Brief geschrieben und mich längst in die Vorstellung hineinphantasiert, Dich zu sehen und mit Dir zu sprechen. Ich hasse mich dafür.
Deshalb, schöne blonde Frau, entweder schmeißt Du mich jetzt in den Papierkorb, oder wir treffen uns mal. Ich würde mich jedenfalls freuen. Wenn nicht – wünsche ich Dir viel Glück bei den anderen »Auswahlgesprächen«.

Der folgende Inserent verzichtete weitgehend darauf, seine Wunschpartnerin zu beschreiben. Stattdessen hoffte er auf Erfolg durch eine ausführliche und detaillierte Selbstbeschreibung. Ganz bewußt geht er in seinem Anzeigentext ins Detail, erwähnt den Titel von Zeitschriften, den genauen Namen seiner Kamera (»Canon EOS«) oder den Ort, an dem er sich am liebsten aufhält (Bergen/Egmond am See in Nordholland).

Noch spezieller wird der Inserent durch die Angabe von Designern und Designfirmen – was nicht unbedingt zur Allgemeinbildung gehören muß und den Kreis derer, die eine solche Anzeige verstehen, stark einschränkt. Das Inserat wurde in der ZEIT aufgegeben und war dort mit 22 Zuschriften überaus erfolgreich.

Kölner Verlagslektor, 36/187, möchte seine Schoko-Crossies mit kulturinteressierter, kluger Frau teilen. Mag Thomas Bernhard, Romy Schneider und die Zeitschrift »Max«. Mag grau verhangene Regentage, Bergen/Egmond am See, Ektachrome 200 und meine Canon EOS. Stehe im Alltag oft vor Designerläden, um mir die Nase an den Schaufenstern plattzudrücken – fasziniert von Sottsass, Eileen Gray, Zanotta und Alessi. Kopf, Herz, Haus also eingerichtet, Seele noch auf der Suche. Chiffre: »Crossie«.

Die Verfasserin des folgenden Briefes signalisiert in kurzen Sätzen ihr Kulturinteresse, zeigt Gemeinsamkeiten auf, die zwar das Design nur streifen (»Möbelmesse«), dafür aber die Bildende Kunst etwas mehr herausstellen. Das Lob zu Beginn des Briefes kommt offen und wirkt sehr ehrlich. Die Postkarte mit den Zeichnungen ist eine nette Idee und zeigt Sinn für Ästhetik.

Hallo,
find's toll, daß Du in Deiner Anzeige sagst, was Du magst. Ich mag Ausstellungen besuchen (Edward Hopper, Pop-Art, Möbelmesse), einen guten Wein mit interessanten Leuten trinken, Frühlingsausritte im Regen, den Sommer in Schweden, mich immer wieder für Neues begeistern ...
Wenn Du magst, laß uns doch auf einen Kaffee treffen, obwohl ich erst (?) 27 bin.

Anmerkung: Der Text wurde auf die Rückseite einer Schwarzweiß-Postkarte geschrieben, die einen Cafétisch mit zwei leeren Stühlen zeigt. Die Absenderin hat auf jeden der Stühle mit der Hand ein farbiges Strichmännchen gezeichnet.

Die folgende Verfasserin greift in wenigen Worten die entscheidenden Stichwörter des Inserats auf und macht deutlich, daß es einige

Gemeinsamkeiten gibt. Sehr subtil deutet sie dies auch durch die Romy-Schneider-Postkarte an. Ihre Selbstbeschreibung kommt etwas kurz, macht aber trotzdem neugierig.

Ich liege zwar hier im Sonnenschein und träume eher von Mövenpicks »Maple-Walnuts« als von Schoko-Crossies, aber teile durchaus Deine Vorliebe für Ettore Sottsass und Memphis und freue mich über Dein Interesse an meinem Landsmann Bernhard.
Meinerseits beschäftige ich mich mit Fotografie und Architektur (auch beruflich) und stehe eher stundenlang im Museum für Angewandte Kunst.
Vielleicht sollten wir weiteres bei einem Telefonat austauschen.

Anmerkung: Der Text wurde auf die Rückseite einer Schwarzweiß-Postkarte geschrieben, die ein Foto von Romy Schneider zeigt, das der Fotograf Robert Lebeck aufgenommen hat.

Wie sehr der Inserent mit den Schoko-Crossies ins Schwarze getroffen hat, zeigt auch der folgende Brief. Geschickt versteht es die Verfasserin, ihre Vorliebe für Thomas Bernhard und klassisches Design auszudrücken. Im zweiten Teil des Briefes schreibt sie sehr offen über ihre augenblickliche Situation. Ein Zustand, den man gut nachempfinden kann und der die Verfasserin im Spannungsfeld zwischen Pflicht und Neigung zeigt.

Lieber Unbekannter,
an Schoko-Crossies kann ich nun wirklich nicht vorbeigehen, ohne zu naschen, nur – ich kann nicht genug von ihnen bekommen, besonders bei der Lektüre von Thomas Bernhard an düsteren Regentagen.
Doch vielleicht, wenn unsere Nasen aneinanderrücken (statt sie an Schaufenstern platt zu drücken) – vielleicht läßt sich dann auch Thomas Bernhard ertragen, in einer schicken Chromliege von Le Corbusier, auf schwarzem Leder, bei lauschiger Nacht.
Doch selbst Thomas Bernhard ist mir zur Zeit lieber als meine Muß-Lektüre zur Facharztprüfung – z.Zt. lese ich alles, auch

Kleinanzeigen – mit großer Wirkung, ganz ohne Frage und seltsam, immer wenn mich die Arbeit einverleibt, geht die Seele wandern, wird die Sehnsucht wach nach körperlicher und geistiger Bewegung. Um uns aufeinander zuzubewegen – meine Telefonnummer: ... Ganz liebe Grüße ...

Sehr kurz ist die folgende Zuschrift. Sie macht aber den Leser neugierig, weil sie eine selbstbewußte, provozierende Frau zeigt, die sich nicht scheut, ihre eigene Meinung zu vertreten. Gemeinsamkeiten gibt es nicht viele; der Reiz entsteht aber gerade aus der Differenz zum Text des Inserenten. Daß die Verfasserin eine Menge Persönlichkeit hat, dokumentiert das mitgeschickte Foto.

Ich mag meine A1 und meine alte Voigtländer, träume von einer F1, lese nicht »Max«, trage manchmal aber Mini (und nicht zu knapp). Sonne ist mir lieber als Bergen. Lese gerne die Gordimer. Mag eine gute Portion Chaos und Spontaneität
Neugierig? Ruf an:
P.S.: Mag Zartbitterschokolade

Anmerkung: Der Text wurde auf die Rückseite eines selbstfotografierten Schwarzweißfotos geschrieben, das eine Dünenlandschaft am Meer zeigt.

Die folgende Reaktion kam vier Wochen nach Erscheinen des Inserats. Der Text ist sehr offen geschrieben und zeigt eine aktive und kulturinteressierte Frau. Nicht ganz von der Hand zu weisen ist jedoch der Verdacht, daß die Verfasserin ihr unveröffentlichtes Manuskript einmal einem Verlagslektor zeigen will. Vielleicht auch, um dessen beruflichen Kontakte zu nutzen.

Lieber Crossie-Fan,
leider kommt meine Zuschrift etwas spät, aber hoffentlich nicht zu spät?!
Würde Dich gerne näher kennenlernen, wenn Du ähnlich wie ich einigermaßen unkonventionell und cosmopolitisch bist. Ich,

25, typischer Löwe, habe Beziehungsstreß endgültig satt – meine Zeit ist mir dafür zu kostbar.
Habe drei Jahre in London gelebt und alle Höhen und Tiefen meiner Sturm und Drangphase durchlaufen. Sehne mich jetzt nach einem Ruhepol (ich brauche ihn, um nicht vom banalen Alltag mitgerissen bzw. aufgefressen zu werden) – denn (es mag Dir seltsam vorkommen) ich schreibe Romane, Kurzgeschichten und Drehbücher. Mein Buch »Beschattung« ist leider noch nicht im Handel, sonst hätte ich ein Exemplar beigefügt.
Der Zufall brachte mich vor einem Dreiviertel Jahr nach Düsseldorf, wo ich zufrieden, aber nicht glücklich bin, da das berühmte I-Tüpfelchen fehlt: eine harmonische, niveauvolle, amüsante Partnerschaft.
Genuß statt Konsum, Klasse statt Kitsch, Liebe statt Terror, Romantik statt Routine. Kaviar, Champagner und ein paar Crossies – in Maßen! »Parsifal« in Wien, »Filmfestspiele« in Berlin, »Nell's« in New York, Centre Pompidou Paris, Museumsufer in Frankfurt, »Phantom« Hamburg, aber auch Picknick im Sauerland oder »Sissy« zu Hause, und »Cosmopolitan« statt »Max«!
Wenn Du Gemeinsamkeiten findest, schreib an meine Düsseldorfer Adresse.

Den folgenden Brief hat eine sehr kluge Frau geschrieben. Eine, die sich mit Kultur, Kunst und Design auskennt. Es ist ein sehr offener Brief, der auch die Nachteile nicht verschweigt. Darüber hinaus ist es ein spannender Brief, einer, der in Erinnerung bleibt, weil er mit der Aufforderung endet, die Verfasserin zu »suchen«.

Hallo,
ich (34) mag zwar keine Schoko-Crossies (weil ich sie zu sehr mag), und auch »Max« nicht (ganz bestimmt nicht). Dafür mag ich Romy Schneider und Jorge Luis Borges, meine Nikon und Regentage. Habe leider keine Zeit, um mir irgendetwas plattzudrücken, weder bei Möbel Pesch noch sonstwo. Aber – es klingt interessant, was Du so zu bieten hast.
Eileen Gray kann mich auch begeistern, mehr als der gute Sottsass allerdings. Über Sein und Schein von Alessi würde ich

gern mit Dir bei einem Espresso aus dem Inox-Stahlservice von Michael Graves reden (das ich seit einem Jahr besitze).
Bin auf jeden Fall kulturinteressiert; klug, mh, schwer zu sagen, vielleicht. Leider bin ich aber unklug (ungelenk, unerfahren), wenn es um Träumen oder romantische Dinge geht. Lasse mich von Ihnen (beachte: »I«) lieber (oder nur?) als Beichtmutter und Trösterin (ganz platonisch) benutzen. Bin eher so etwas wie der Kumpel für alle Fälle. Wahrscheinlich, weil ich nicht so schön bin, daß Mann mir irgendwelche Gefühle zusprechen könnte.
Nun ja, Vertrauen habe ich auch keines. Nicht bei solchen Anzeigengeschichten zumindest. Solltest Du aber dennoch (oder deswegen?) Interesse haben, mich kennenzulernen, mußt Du ein bißchen was tun. Bin in einem SEHR bekannten Bonner Museum zu erreichen, allerdings nicht an der Telefonzentrale. Müßtest Dich also durchfragen. Oder mal kommen und mich aus dem Büro locken. Wir werden dann sehen.

Anmerkung: Der Text wurde ohne Adresse und ohne Telefonnummer geschickt.

Mit einem Lob auf den Inserattext startet die folgende Briefeschreiberin. Man hat sofort den Eindruck, es mit einer lebhaften, souveränen Frau zu tun zu haben. Ihre Selbstbeschreibung ist kurz, deutet aber eine Richtung an, die vielversprechend ist. Das Postkartenmotiv unterstreicht noch einmal das Bemühen der Verfasserin, auf das Inserat einzugehen und »gleiche Welle« zu signalisieren.

Lieber Unbekannter,
voilà, hier ist eine kluge, kulturinteressierte Schoko-Crossie-Liebhaberin. Dein Text gefiel mir, vielleicht gefällst Du mir ja auch – und vice versa.
Ich bin 27, lebe zur Zeit zwischen Köln und Dortmund und zwei Berufen, habe lange in Frankreich gelebt, habe von dort eine Menge savoir-vivre mitgebracht, bin »vielinteressiert« – Architektur, Kunst, Literatur, Musik, Politik ...
Ich bin so vieles und habe so viel, vielleicht willst und kannst Du es ja selbst herausfinden. Ein Treffen fände ich spannend. Ruf mich doch einfach an.

Eine außergewöhnlich gelungene Einleitung hat der folgende Brief. Die Anrede ist witzig und der »Reinfall in Ihre Arme« ist ein Wunsch, den man nur schwer ausschlagen kann. Es gibt etliche Gemeinsamkeiten im Mittelteil des Briefes und einen gekonnten, fast erotischen Schlußteil. Selbst der letzte Satz »cross und leicht« geht noch einmal mit gehobenem Sprachwitz auf das Inserat ein.

Sehr geehrter Schokoladenkonsument,
dies ist der erste Versuch auf eine – Ihre – Anzeige zu antworten. Ich hoffe deshalb, es wird kein Reinfall, höchstens in Ihre Arme. Mit Jean Cocteau und meiner Minolta Dynax bin ich auch gerne in Egmond und verschlafe – verlese – dort so manchen Regentag. Die Nase drücke ich mir gerne auf der Kö in Düsseldorf platt. Ja doch, viele Gemeinsamkeiten scheinen da zu sein.
Schoko-Crossies vom Ohrläppchen abknabbern oder Sekt aus dem Bauchnabel zu »schlürfen«, ist auch angenehm. Ich liebe die schönen Dinge im Leben und bin offen für alles Neue.
Mit meinen 31 Jahren stehe ich mit beiden Beinen im Leben und trotzdem lasse ich mich gerne fallen und fliege gerne. 170 cm groß, blond und schlank. Die Seele voll von Schmetterlingen!
Ich würde mich sehr über eine Antwort von Dir freuen.
Grüße von ..., cross und leicht

Die Auswahl der Zuschriften

Wenn Sie eine Kontaktanzeige aufgegeben haben, beginnt mit dem Erscheinen Ihres Inserats ein Prozeß, den Sie nicht steuern können. Sie wissen weder, wer diese Anzeige liest, noch, wer auf Ihre Anzeige antworten wird. Noch, wann er es tut. Das einzige, was Sie tun können, ist warten und hoffen, daß Ihre Anzeige Erfolg hat.

Dieses Warten ist sehr spannend, und Sie werden mehr als einmal mit Herzklopfen und Vorfreude in den Briefkasten schauen, in Erwartung, darin den großen, prall gefüllten Umschlag mit Zuschriften zu finden.

Die größten Chancen, daß Ihr Wunsch in Erfüllung geht, liegt in der ersten Woche nach Erscheinen Ihres Inserats. Die Anzeigenabteilung der Zeitung sammelt die bis Mitte der Woche eingegangenen Zuschriften und schickt sie dann in der Regel bis Mittwoch oder Donnerstag derselben Woche an Ihre Adresse. Etwa 80 Prozent aller Zuschriften auf eine Anzeige gelangen mit dieser ersten Lieferung in Ihren Briefkasten. Der folgende Zuschriftenschub fällt geringer aus, da er nur von den Nachzüglern stammt, die nicht am ersten oder zweiten Tag nach Erscheinen Ihrer Anzeige geantwortet haben. Dieser restliche Teil bleibt der zweiten und dritten Woche vorbehalten; danach lohnt sich das Warten auf Post nicht mehr.

Wer mit seiner Annonce Erfolg hatte, wird dennoch nicht selten ernüchtert vor dem Berg der Zuschriften sitzen. Zum einen, weil die Briefe nicht immer den Vorstellungen entsprechen, die der Inserent von seinem Partner hatte, zum anderen, weil es schwer ist, aus den Zuschriften, die eingetroffen sind, die wirklich passenden und vielversprechenden herauszufiltern.

Wir wollen hier keine Checkliste erstellen, mit deren Hilfe Sie Brief für Brief durchackern und systematisch bewerten sollen. Hier müssen Sie einfach Ihrem Gefühl, Ihrer Menschenkenntnis und Ihrer Fähigkeit, zwischen den Zeilen zu lesen, trauen. Dennoch sollten Sie einige Regeln beherzigen, um die Zuschriften planvoll »abarbeiten« zu können.

• Versehen Sie Kuvert, Foto und Zuschrift mit einer laufenden Nummer. Sollte Ihnen der Briefestapel einmal durcheinanderkommen, können Sie Verwechslungen leicht vermeiden.

• Nehmen Sie sich für das Lesen der Zuschriften Zeit. Sie überfliegen sonst die Inhalte im Expreßtempo, überlesen wichtige Passagen, legen ausführliche Briefe unwillig zurück und werden insgesamt den Verfassern nicht gerecht. Um zwischen all den eingegangenen Zuschriften abwägen zu können, müssen Sie aber die Inhalte einigermaßen präsent haben. Dies verlangt Konzentration – und bei 20 oder 30 Zuschriften mindestens zwei bis drei Stunden Zeit.

• Sortieren Sie Briefe, die für Sie nicht in Frage kommen, sofort oder nach dem zweiten Lesedurchgang aus. Sie verringern dadurch den Stapel für die Endauswahl.

Zu solchen Briefen gehören Anschreiben von Heiratsinstituten, fotokopierte Briefe, Zuschriften mit Postfach- oder Postlageradressen, unseriöse Schreiben, aber auch Zuschriften, die inhaltlich einfach nicht passen und jenseits Ihrer Erwartungen liegen.

• Teilen Sie die verbliebenen Zuschriften in zwei Gruppen. Die erste Gruppe sollte Briefe enthalten, die Ihnen spontan gefallen haben. Die zweite Gruppe sollte die Zweifelsfälle beinhalten. Hierzu gehören vor allem die kurzen Zuschriften, die Sie auf keinen Fall pauschal aburteilen sollten. Hinter manchem Kurzbrief und mancher Kurz-Postkarte verbirgt sich ein netter Mensch. Dies herauszufinden wird aber nur dann gelingen, wenn Sie mit dem Absender Kontakt aufnehmen.

• Archivieren Sie die numerierten Zuschriften in Klarsichthüllen und heften Sie diese in einem Ordner ab. Plazieren Sie jeweils die erste Seite des Briefes so, daß sie gut lesbar ist. Sie soll Ihnen in einem letzten Auswahlprozeß als Erinnerungsstütze dienen.

• Schlafen Sie eine Nacht über die so ausgefilterten Zuschriften und gehen Sie mit Distanz an die Endauswahl. Prüfen Sie noch einmal jede Zuschrift Ihrer beiden Gruppen.

Stimmen die Angaben der Verfasser mit Ihren Anforderungen überein? Stimmen Alter, Beruf, sozialer Status, Hobbies und Interessen? Wirken die Angaben der Verfasser realistisch? Sind mögliche

Heiratsschwindler dabei oder Menschen, die nur ein Abenteuer suchen? Wirkt der Verfasser gefühllos, naiv, konfus, unbeholfen oder steif auf Sie? Wirkt er überheblich, langweilig oder geistreich, sensibel, ehrlich, intellektuell? Stellen Sie Fragen an jeden Brief, deren Beantwortung Ihnen wichtig ist, und legen Sie am Ende etwa fünf oder sechs Zuschriften heraus, mit deren Verfassern Sie Kontakt aufnehmen wollen.

• Schicken Sie die aussortierten Briefe zurück, auch wenn das zusätzlich Zeit und Portokosten verursacht. Jeder Briefeschreiber wartet auf eine Reaktion, und nichts ist zermürbender als wenn auf eine oder mehrere Zuschriften keine Nachrichten eintreffen.

• Schicken Sie in jedem Fall auch Fotos zurück. Sie sind ein Vertrauensbeweis der Briefeschreiber und verlangen, auch wenn sie unaufgefordert beigelegt wurden, eine angemessene Gegenreaktion. Es gibt Fälle, in denen Briefeschreiber die Zeitungsredaktion zur Kontaktaufnahme mit den Inserenten bewegt haben, um ihr Foto zurückzubekommen. Juristisch haben sie darauf ein Anrecht.

• Sagen Sie einen Brief möglichst mit ein paar höflichen Zeilen ab. Um Zeit zu sparen, sollten Sie diese fotokopieren, sie aber ohne Adresse und nur mit Ihrem Vornamen unterschrieben absenden. Ein solches Schreiben könnte folgendermaßen lauten:

> *Sehr geehrte(r) ...,*
> *haben Sie Dank für Ihre Zuschrift, die ich mit Interesse gelesen habe. Leider hat mich ein anderer Brief so eingenommen, daß ich mich voll auf seinen Verfasser konzentrieren möchte.*
> *Ich schicke Ihnen deshalb Brief (und Foto) anbei zurück und wünsche Ihnen bei einem anderen Inserenten ein Quentchen mehr Glück als bei mir.*

Sie können mit Ihrem Text auch noch kürzer werden und ihn auf ein kleines Kärtchen schreiben (auch dies kann fotokopiert sein), das Sie mit einer Büroklammer an den Brief heften. Der Text könnte ganz schlicht lauten: »Danke, aber es paßt leider nicht 100%ig.«

Wenn der Adressat die Spielregeln des Kontaktanzeigenmarktes kennt, wird er die Kürze der Zeilen akzeptieren. Er wird zwar über eine Absage enttäuscht sein, vor allem, wenn es nicht die erste ist, die er bekommt, dennoch ist für ihn eine solche Absage mit Begleittext einsichtiger und nachvollziehbarer als leeres Schweigen.

Zahlreiche Briefeschreiber geben nur ihre Telefonnummer, nicht aber ihre Adresse an. Hier können Sie Brief und/oder Foto nicht zurückschicken, ohne Kontakt mit dem Adressaten aufzunehmen. Es kann aber niemand von Ihnen verlangen, ein Telefonat zu führen und sich in ein Gespräch mit dem anderen verstricken zu lassen (zumal er Ihnen fremd ist), nur um dessen Adresse für die Retourpost herauszubekommen. Hier hat der Adressat einen Formfehler gemacht, den Sie nicht auszubügeln brauchen!

Reportage 3

Barbara R. (37): Mann fürs Leben gesucht

Gepflegt – das ist das Wort, mit dem man Barbara W. am treffendsten beschreibt. Ein perfektes Makeup, ein modisches Kostüm, unterm Arm die kleine Attachétasche, so treffen wir sie in einem Café in Düsseldorf. Ein paar Männerblicke folgen ihr, als sie sich zu uns setzt.

Schwer vorzustellen, daß diese Frau inserieren muß, um Männer kennenzulernen.

»Es geht ja nicht um Männer!« erklärt Barbara, nachdem sie sich ein Kännchen Kaffee und einen Cognac bestellt hat. »Männer mit eindeutigen Absichten und Männer, die nur auf ein Abenteuer aus sind, kenne ich genug. Mit den Anzeigen suche ich einen Ehemann. Das ist ein Unterschied.«

So inseriert sie also als »Interessante Sie« oder »Einzelstück, weiblich« und bringt in ihren Anzeigen auch immer zum Ausdruck: »Heirat erwünscht«.

Früher, das gibt Barbara zu, hat sie etwas anders gedacht. Nach ihrer kaufmännischen Ausbildung bekam sie eine Stelle in einem kleinen Ingenieurbüro. Der Beruf machte ihr Spaß, die Atmosphäre in der Firma war kollegial.

»Der Chef war ein Schwerenöter«, sagt Barbara heute. »Anfang vierzig, recht gutaussehend und verheiratet, aber seine große Liebe war ganz eindeutig sein Beruf. Er hieß Ulrich, und weil es im Büro recht locker zuging, habe ich auch kein Geheimnis daraus gemacht, daß ich ihn mochte.«

Und so kam es, wie es kommen mußte: Barbara fing ein Verhältnis mit dem fast zwanzig Jahre älteren Mann an. »Mit allem, was zu einem Verhältnis dazugehört!« sagt sie heute ohne Ironie, eher etwas amüsiert: »Heimliche Treffen, Wochenenden in kleinen Hotels im Sauerland, das dauernde Versteckspiel vor den Kollegen.«

Sie sei seine große Liebe, beteuerte der Mann immer wieder, von seiner Frau werde er sich sowieso bald scheiden lassen.

»Alles gelogen«, meint Barbara und nippt an ihrem Kaffee. Es klingt nicht verbittert, nur ein wenig abgeklärt. Immerhin hat sie schon mehrere solcher Verhältnisse hinter sich gebracht. »Und jedesmal habe ich die gleichen Sprüche gehört, immer wieder die Ausreden von der Frau, die man nicht mehr liebt, aber nicht verlassen kann, weil da die Kinder sind, oder weil man gemeinsames Geld in der Firma hat oder weil die Ehefrau sich sonst das Leben nehmen würde.«

Barbaras Gestalt strafft sich, sie sieht sich in dem Café um. »Ich wette, jeder zweite Mann hat eine Affäre, eine Frau, die er mit faulen Ausreden so lange hinhält, bis sie begreift, daß er nicht einmal im Traum daran denkt, sich scheiden zu lassen.«

Bittere Worte, aber es waren auch bittere Erfahrungen, die Barbara gemacht hat. Zwei Jahre dauerte ihr Verhältnis mit dem Chef des Ingenieurbüros, dann kam dessen Frau dahinter und verlangte von ihrem Mann Barbaras Entlassung.

»Er hat mir wenigstens eine Stelle bei einem seiner Kunden verschafft, die ich sonst nicht bekommen hätte«, gesteht Barbara ihm noch zu. Als Personalsachbearbeiterin in einem Energieversorgungsunternehmen verdiente sie mehr und hatte gute Aufstiegschancen. Ihr Chef war Anfang sechzig, stand kurz vor der Pensionierung und hegte keine anderen als väterliche Gefühle für sie.

»Aber da war Rüdiger«, sagt sie. »Leiter der Pressestelle. Schick, sportlich, geradeweg aus einer Zeitungsredaktion zu uns gekommen.« Und natürlich verheiratet.

»Manchmal denke ich, ich ziehe solche Männer an!« bekennt Barbara. Dem Verhältnis mit Rüdiger folgte dann drei Jahre später eines mit dem neuen Personalchef.

»Bei Horst habe ich wirklich geglaubt, daß er sich scheiden lassen wollte!« erklärt sie. »Er lebte ja schon getrennt von seiner Frau. Die Kinder waren erwachsen, und ein gemeinsames Vermögen gab es auch nicht.«

Die beiden wohnten sogar für ein halbes Jahr zusammen. »Aber immer heimlich!« sagt sie. »In der Firma waren wir per Sie, wir gingen nie gemeinsam in die Kantine und fuhren nach Feierabend getrennt nach Hause. Horst legte Wert auf seinen Ruf.«

Warum, das erfuhr sie, als ein neuer Vorstandsposten besetzt werden sollte. »Horst gehörte zu den drei Kandidatens. Die fachliche

Qualifikation spielte natürlich eine Rolle, aber genauso wichtig waren die persönlichen Verhältnisse.« Barbaras Blick wird kühl. »Ich fiel aus allen Wolken, als ich erfuhr, daß er sich wieder mit seiner Frau arrangiert hatte, um als seriöser Ehemann seine Chancen zu verbessern. Ein paar Monate habe ich mich noch hinhalten lassen, aber als er dann wieder mit seiner Frau zusammenzog, war es endgültig aus.«

Weil sie mit ihm nicht mehr im gleichen Betrieb arbeiten wollte, bewarb sich Barbara bei einem mittelständischen Maschinenbauunternehmen als Personalchefin. Bevor sie die Stelle antrat, nahm sie sich fest vor: nie wieder ein Verhältnis mit einem verheirateten Mann.

»Nennen Sie es Egoismus oder Torschlußpanik«, sagt Barbara. »Aber ich möchte heiraten. Nur – wo findet ich jetzt in meinem Alter jemanden, der noch nicht gebunden ist? Böse Zungen behaupten, eine Frau um die vierzig hat mehr Chancen, von einem Terroristen erschossen zu werden, als einen Ehemann zu finden. Langsam glaube ich, daß das stimmt.«

Zuerst schrieb Barbara auf einige Heiratsanzeigen in ihrer Tageszeitung. Da war der »Seriöse Unternehmer, Mitte vierzig, kinderlieb und naturverbunden«, der »nach einem schweren Schicksalsschlag« eine »Frau zum Liebhaben« suchte.

»Thomas hieß er«, erinnert sie sich. »Er war eher Mitte fünfzig als Mitte vierzig, sein Unternehmen war ein Versandhandel für ein dubioses Schlankheitsmittel, und die schwere Enttäuschung war die Scheidung von seiner Frau, die ihren Unterhalt jedesmal vom Gerichtsvollzieher bei ihm abholen lassen mußte.« Barbara schüttelt den Kopf. »Ich habe auf ungefähr vierzig Anzeigen geantwortet«, sagt sie. »Immer mit einem persönlichen Brief und einem Foto. Von manchen habe ich nie eine Antwort bekommen, andere haben mir mit ein paar kurzen Zeilen abgeschrieben. Einige haben mich dann angerufen und wir haben uns getroffen. Daraus geworden ist nie etwas.«

Barbara hat sich inzwischen einige Gedanken darüber gemacht, woran es gelegen haben mag, daß der Funke nie ganz übersprang. »Da sind sicher zuerst meine hohen Ansprüche«, sagt sie. »Das mag mit meinem Alter zusammenhängen. Oder damit, daß ich mir vorgenommen habe, so wenig Kompromisse wie möglich zu machen. Sicher, da gab es einige nette Männer, mit denen ich mich auch noch häufiger getroffen habe. Es haben sich sogar ein paar sehr schöne Freundschaften entwickelt. Aber die große Liebe war es bei keinem. Auch bei Helmut nicht, mit dem ich fast ein halbes Jahr zusammen war. Er ist

EDV-Fachmann bei einer Supermarktkette und im Grunde genommen nie erwachsen geworden. Seine Spontaneität hat mich gereizt, aber ich wußte auch von Anfang an, daß es kein Mann zum Heiraten war.« Statt nach der Trennung wieder auf Anzeigen zu antworten, gab Barbara selbst eine Heiratsanzeige auf:

> Wer mag mich? Frau, 37 J., 172/67, wünscht sich einen Lebensgefährten, der ihr die einsamen Stunden versüßt.

Barbara erinnert sich nicht gern an diese Anzeige, und sie zeigt sie uns auch erst, als wir uns genau nach ihrem ersten Anzeigentext erkundigen. »Ein Fiasko!« sagt sie. »Ich habe den Text aus einer Stimmung heraus geschrieben. Mir fiel die Decke auf den Kopf, und ich dachte, daß unbedingt etwas passieren müßte.«

Daß sie ihren Text mit dem Hilferuf »Wer mag mich?« begann und nicht ausdrücklich nach einem Ehemann, sondern nur einem »Lebensgefährten« suchte, spiegelte sich deutlich in den Zuschriften wieder: »Es waren 51, davon zwanzig verheiratete Männer, die sich mehr oder weniger unverhohlen nach einem Verhältnis erkundigten. Dann ein paar jüngere Männer, die gern eine ältere, mütterliche Freundin gehabt hätten und schließlich noch ein halbes Dutzend Geschiedene, die fast alle auf meine Frage ›Wer mag mich?‹ eingingen und schrieben, daß sie sich diese Frage auch oft stellten.«

Die nächste Anzeige formulierte Barbara dann bewußt forsch:

> Einzelstück, weibl., 37/172, berufstätig und selbständig, sucht den Mann für den Rest ihrer Tage. Ich mag guten Jazz und das Meer, Filme mit Henry Fonda und Theaterstücke von Peter Handke. Ausführliche Zuschriften bitte unter Chiffre ...

Die Reaktion auf die selbstbewußte Selbstdarstellung war erwartungsgemäß nicht so überwältigend wie bei der »Wer mag mich?«-Anzeige.

»Aber durchweg interessante Briefe«, erinnert sich Barbara. Die Abenteurer, wie sie die Männer nennt, die es nur auf ein Verhältnis abgesehen haben, waren deutlich in der Minderheit. Dafür meldeten sich verstärkt Männer, die im Leben schon einiges erlebt hatten und eine selbständige Partnerin zu schätzen wußten.

»Uwe zum Beispiel«, erzählt Barbara. »Er war lange als Vertriebsbeauftragter für einen Büromaschinenkonzern in ganz Deutschland unterwegs gewesen. Jetzt war er 45 und wollte sich zur Ruhe setzen, sich mit einem Computerladen selbständig machen.

Ich fand ihn auf den ersten Blick sympathisch, er trat so ganz ohne Angeberei, aber auch ohne falsche Bescheidenheit auf. Er hatte eine große Sammlung von alten Jazzplatten und ein Ferienhaus auf Sylt, wo wir auch ein paar Wochenenden zusammen verbracht haben. Mir imponierte seine Tatkraft und die Energie, mit der er dauernd Pläne für seinen Laden schmiedete. Dabei bezog er mich wie selbstverständlich mit ein, fragte nach meiner Meinung, diskutierte alles mit mir durch.«

Barbara macht eine kurze Pause. »Aber dann habe ich langsam begriffen, daß ich in seinem Plänen eine wichtige Rolle spielte: nämlich als Buchhalterin in seinem Geschäft, als billige Arbeitskraft oder Angestellte mit Familienanschluß, wie man will. Außerdem wäre es ihm ganz lieb gewesen, wenn ich mich mit meinen Ersparnissen an seiner Existenzgründung beteiligt hätte.«

Als Barbara das Thema dann eines Tages ansprach, machte Uwe auch keinen Hehl daraus, daß er sich all dies genau überlegt hatte, ehe er auf verschiedene Heiratsanzeigen geantwortet hatte. »Man muß doch pragmatisch denken!« erklärte er.

Barbara schüttelt entschieden den Kopf und nippt an ihrem Cognac. »Mir war das alles zu pragmatisch«, meint sie. Und dann, nachdenklich: »Vielleicht hat mir auch der Mut gefehlt, mich auf die ungewisse Zukunft mit Uwe und seinem Geschäft einzulassen. Ich bin eben nicht der Risikotyp. Wir haben uns in aller Freundschaft getrennt, und er hat inzwischen eine Frau gefunden, die nicht so viele Bedenken hatte wie ich. Die beiden haben sich auch durch eine Anzeige kennengelernt.«

Barbara gibt sich selbstbewußt, wenn sie sagt, daß sie nicht darunter leidet, immer noch nicht den »Mann fürs Leben« gefunden zu haben. »Notfalls werde ich eben alleine alt«, erklärt sie und inseriert trotzdem weiter:

> Zu zweit das Leben genießen. Sie 37/172, weder verwitwet noch geschieden, möchte einen Mann bis 45 heiraten, der sich auch mal sein Hemd selber bügelt, wenn wir zusammen ins Theater gehen wollen und der sich nicht aufregt, wenn ich mir mal eine Jazzplatte aus seiner Sammlung alleine anhören will. Zuschriften unter Chiffre ...

Weil sie einmal etwas Neues versuchen wollte, gab Barbara diese Anzeige in der »Zeit« auf. Vielleicht, so war ihre Überlegung, lasen die wirklich interessanten Männer, die sie suchte, einfach nicht die regionale Tageszeitung, in der sie bisher inseriert hatte.

Sie bekam innerhalb der ersten vier Wochen nach Erscheinen der Anzeige sage und schreibe 153 Zuschriften aus ganz Deutschland, der Schweiz und Österreich. Später trafen dann sogar noch Briefe aus Portugal, Italien und Brasilien ein.

»Alles sehr interessante Männer!« sagt Barbara. »Schon die äußere Form der Zuschriften war viel besser als bei den Briefen auf mein Tageszeitungs-Inserat. Persönliches Briefpapier, saubere Schrift und fast immer ganz genau überlegte Texte. Womit ich nicht gerechnet hatte, war, daß überwiegend Lehrer und Universitätsangestellte schrieben. Akademische Oberräte, wissenschaftliche Assistenten und sogar ein paar Professoren.«

Ein weiteres Problem ergab sich daraus, daß Barbara in ihrer Anzeige keine räumliche Einschränkung gemacht hatte. »Aber mit jemandem aus München, Erfurt, Berlin oder Leipzig wollte und konnte ich gar nichts anfangen«, erzählt sie. »Deshalb mußte ich schon einmal zwei Dritteln abschreiben. Einige haben sich davon nicht entmutigen lassen und mir dann noch einmal über meine Chiffrenummer geschrieben, daß sie gern nach Düsseldorf kommen würden, um mich kennenzulernen – aber das war mir dann einfach zuviel Aufwand.«

Mit einem Dutzend Männern telefonierte Barbara einige Male, mit sieben traf sich sich schließlich. »Bei zweien war der erste Anblick nach den vielversprechenden Telefonaten dann eine ziemliche Enttäuschung«, berichtet sies. »Einer hatte seine Körpergröße im Brief um mindestens zehn Zentimeter geschönt und sah bei weitem nicht so gut aus wie er versprochen hatte. Der andere war Kunstlehrer und meinte wohl, daß schlampige Kleidung zu seinem Image gehörte.«

Die anderen Treffen verliefen weniger frustrierend, und mit einigen der Männer ist Barbara heute befreundet. Man telefoniert miteinander und trifft sich gelegentlich. Vielleicht, meint Barbara, ist einer dieser Freunde am Ende doch der Mann ihres Lebens. »Ohne die Anzeige hätte ich keine Chance gehabt, all diese Männer aus vollkommen anderen Berufen und Lebensbereichen kennenzulernen«, sagt sie, als wir sie fragen, was sie nach ihren Erfahrungen von Heiratsanzeigen hält. »Deshalb halte ich Anzeigen grundsätzlich immer noch für eine gute Sache. Man darf sich allerdings nicht darauf verlassen, daß man in den Zuschriften, die man bekommt, gleich auf Anhieb seinen Traumpartner findet. Mit der Anzeige findet man nur eine Menge Kandidaten, die man dann genauer unter die Lupe nehmen muß.«

Weiterführende Literatur

Berghaus, Margot: Partnersuche – angezeigt. Zur Soziologie privater Beziehungen, Frankfurt am Main/Berlin/Wien 1985

Brausen, Udo: Frosch sucht Prinzessin. Kontaktanzeigen mit Pfiff, Frankfurt am Main 1986

Drenk, Linda und Rüdiger: Aktive Partnersuche per Inserat für Menschen, die ihr Leben nicht länger dem Zufall überlassen wollen, Reinbek 1985

Elsner, Constanze: Mann mit Tränensäcken sucht Frau mit Lachfalten, Berlin 1990

Fetscher, Iring: Wer hat Dornröschen wachgeküßt?, Frankfurt am Main 1974

Fröhlich, Armin: »Der Wortschatz in Heiratsanzeigen«, in: Muttersprache 1956, Seite 11–15

Glinsmann, Claudia: Amazone steht auf Macho. Kleinanzeigen in der alternativen Presse, München 1985

Habermas, Jürgen: »Illusionen auf dem Heiratsmarkt«, in: Merkur 1956, 10. Jg., Seite 996–1004

Häsing, Helga (Hrsg.): Schmusekater sucht Frau zum Pferdestehlen, Frankfurt 1986

Haller, Max: »Das Heiratsinserat. Ein Beispiel für die Interdependenz von Statushierarchie und Heiratsmarkt«, in: Österreichische Zeitung für Soziologie, 1980, 5. Jg., Seite 62–65

Jaeger, Ilse: Inhalt und Bedeutung der Heiratsannoncen. Eine Untersuchung von Heiratsannoncen mit den Mitteln der Bedeutungsanalyse, Diplomarbeit am soziologischen Seminar der Universität Köln, Köln 1955/56

Kaupp, Peter: Das Heiratsinserat im sozialen Wandel. Ein Beitrag zur Soziologie der Partnerwahl, Stuttgart 1968

Mataja, Viktor: Heiratsvermittlung und Heiratsanzeigen, München/ Leipzig 1920

Mehlisch, Stefan: Liebe auf den ersten Brief. Mit Kontaktanzeigen den richtigen Partner finden, Bergisch-Gladbach 1992

Niemeyer, Anne: Scene-Sprache in Kontaktanzeigen der »Münchner Stadtzeitung«, Magisterarbeit am Fachbereich Historisch-Philologische Wissenschaften der Universität Götingen, Göttingen 1988

Nürnberger-Gerster, Christian: My First Lady. Ein Heiratsinserat und seine Folgen, Frankfurt am Main 1990

Pfister, Gertrud/Voigt, Dieter: »Geschlechterstereotype im Systemvergleich. Eine Analyse von Heiratsanzeigen«, in: Dieter Voigt, M. Messing (Hrsg.): Beiträge zur Deutschlandforschung, Bd. 1, Bochum 1982

Roman, Christian (Hrsg.): Chauvi sucht Emanze. Kontaktsuche der Szene, Frankfurt 1983

Stolt, Birgit/Trost, Jan: Hier bin ich! Wo bist Du? Heiratsanzeigen und ihr Echo – analysiert aus sprachlicher und stilitischer Sicht, Kronberg 1976

Zaky, Renate: So schreibt man Liebesbriefe! München 1980

Rolf Bönnen

Flirten – aber wie?

humboldt

Lebenshilfe & Psychologie

Flirten – aber wie?

Dieses Buch will Sie zum Flirten anstiften. Es zeigt Ihnen Schritt für Schritt, wie Sie Hemmungen überwinden, Initiative ergreifen und Ihr Leben abwechslungsreicher und farbenfroher gestalten können. Ganz gleich, ob es um ein Lächeln im Aufzug, ein kleines Kompliment, Sekunden der Nähe, ein Winken oder Nicken geht oder um das „Ziel Ihrer Träume“, diese kleine Flirtschule verrät Ihnen die Spielregeln und die besten Flirtgelegenheiten.

Sie sollten dieses Buch gleich heute abend im Bett lesen. Und gehen Sie nicht zu spät schlafen, denn es warten spannende Tage auf Sie: Gleich morgen früh starten Sie mit unserem Flirtprogramm.